APPUPEN
LAURENT DAUDET

DREAM MACHINE

Préface de Jul

Flammarion

Scénario : Appupen, Laurent Daudet
Dessins : Appupen
Traduction de l'anglais : Laurent Daudet
Composition et mise en pages :
Appupen, Natasha Rego

ISBN : 978-2-0804-2813-4

PRÉFACE

Quand, à l'automne dernier, on m'a invité à écrire quelques mots de préface pour un album de bande dessinée mettant en scène l'essor de l'intelligence artificielle, j'ai accepté de bonne grâce, d'autant que ce projet franco-indien m'apparaissait aussi insolite qu'exotique. L'Intelligence Artificielle ! J'ai imaginé un univers de science-fiction, produit de la fantaisie de rêveurs hirsutes... Et puis j'ai un peu traîné, et on a vu apparaître sur les réseaux, dans les journaux, etc. le résultat de cette technologie prodigieuse. Certes un peu raté, souvent maladroit et comique.

Puis, il y a quelques semaines, les images, les textes produits par des IA ont sérieusement commencé à ressembler à ce que nous avions l'habitude de créer nous-même... Puis, il y a quelques jours, certaines de ces créations par IA m'ont frappé par leur beauté, presque supérieure à ce à quoi j'étais accoutumé... Et je me suis demandé si une IA n'aurait pas elle-même rédigé une préface de manière plus brillante que moi. Peut-être que ce que vous êtes en train de lire est finalement issu de l'IA ? Qui vous dit aussi que les créateurs derrière cet album sont eux-mêmes autre chose que des intelligences artificielles ? Et si vous-même, qui parcourez ce texte, n'existiez-vous pas dans un réel autre que celui créé de toutes pièces par l'IA ?

Humains ou machines, qui que vous soyez, lisez cette bd !

Jul.

1. Se rêver milliardaire

D'aussi loin que je me souvienne, j'ai toujours été fasciné par l'intelligence artificielle. Mais dans les mondes que j'imaginais, rien de magique !

Tout devait pouvoir être analysé, expliqué par la science.

La technologie allait reculer les limites du possible.

Il suffisait de laisser travailler les scientifiques.
Aujourd'hui, je ressens la même euphorie qu'il y a 30 ans...
Tout EST possible !
Regardez ! C'est SuperHugo !

En ce moment, c'est le printemps de l'IA.
Partout, de jeunes pousses apparaissent.
Certaines idées ont germé plusieurs années avant de pouvoir éclore.
Certaines foisonnent déjà en de véritables écosystèmes d'IA.
Paris, Jardin des Plantes Été 2022.
À mon tour de pousser !
KLAI, l'entreprise que j'ai créée, semble enfin sur le point de décoller.

Tout a commencé il y a 3 semaines. REAL, le géant américain du numérique, nous proposait un partenariat inespéré.
KLAI
Il lorgnaient notre techno de « grands modèles de langage », LLM en anglais.
Avec notre IA multilingue, on leur faisait gagner 6 mois de développement pour leur nouveau jeu dans le métaverse.
KL
J'ai fait de la place dans mon planning...
et j'ai peaufiné mes présentations.
Quand REAL t'appelle, tu sais que tu es entré dans la cour des grands.
C'était l'occasion qu'on attendait depuis un moment à KLAI.

Il faut dire que la vague des LLM a fait basculer l'IA dans une nouvelle dimension.
Il y a 3 ans, personne n'imaginait d'aussi gros modèles. Nous, à KLAI, on a plongé dedans dès le début…
et on a atteint les tous premiers rangs mondiaux, sur le volet techno au moins.
Ce matin, ce qui a fait mouche a été notre facilité à adapter nos modèles à des langues non européennes, comme l'arabe ou l'hindi.
KLAI
Gerard, leur vice-président stratégie, semblait enthousiaste.
Derrière REAL, il y a Kripp, son fondateur.
LIVE BEYOND
Ce milliardaire inonde régulièrement les réseaux sociaux de ses théories fumeuses sur l'IA forte ou les colonies martiennes.
Si c'est cela qui le fait courir… C'est son problème, pas le mien.
REAL·E
Avec ce contrat, KLAI pourrait enfin prendre sa part du gâteau !

Qu'est-ce qu'on ressent quand nos rêves se réalisent ? On se croit invincible. Et on continue à rêver. Des rêves plus grands, des rêves plus beaux.
REAL·LIFE
LIVE BEYOND
C'est à ce moment qu'on a besoin de partager ses rêves.
TURE
15 H
Et s'il y a bien quelqu'un qui me comprend, moi et mon travail, c'est Anna.
C'est elle qui me ramène les pieds sur terre.
Alors, on le fête ce contrat ?

Tu vois Anna, je trouve cela dingue de faire tout ça pour un jeu. Et ils te le vendent comme un premier pas vers l'immortalité.
REAL.E, la division Entertainment, s'étend en Afrique et en Asie – c'est là qu'ils ont besoin de nous.
Leur slogan : " REAL.E – La vie et au-delà "
Ils pensent vraiment cartonner avec ce jeu ?
C'est un peu comme si tu combinais tous les réseaux sociaux. Le but, c'est qu'avec ton avatar, tu gagnes ta propre immortalité !
Ça reste assez flou, mais j'imagine qu'ils créent ton jumeau numérique animé par IA et appellent ça « être immortel ».
C'est peut-être juste la dernière lubie du big boss – et personne n'ose le contredire.
Kripp peut bien mettre ses milliards où il veut. Ça va être génial de travailler avec eux !
Surtout pour ton compte en banque...
Pas faux ! D'ailleurs, si ça marche avec REAL, on pourrait enfin déménager, tous les deux.
Vraiment ?

On ne fait plus de projets depuis la pandémie. Je n'ai même pas vraiment suivi ton travail ces derniers mois.
Raconte-moi.
Parce qu'a priori, je ne suis pas emballée par un jeu qui promet l'immortalité. Ni par une boîte dont les initiales veulent dire quoi déjà, l'IA Responsable et Éthique ?
C'est ça, « Responsible Ethical Algorithmic Learning » ... Quel sigle à la con !
Je sais bien que ce ne sont pas des enfants de chœur...
Mais t'imagines ce que ça pourrait changer pour KLAI ?
Bon, par où commencer ?
HOTEL
Par le début !
Tu sais déjà que je me prends la tête à entraîner des machines.

Nous, on fait de l'IA par apprentissage.
Depuis l'origine, l'IA s'intéresse au traitement automatique du langage.
Ce qui a tout changé, c'est que maintenant, la machine apprend par elle-même les structures du langage.
Plus besoin de lui donner les règles, il suffit de la gaver de texte.
CALIFORNIA
En mai 2020, grâce à des financements massifs de Microsoft, OpenAI a passé un vrai cap en lançant son modèle GPT-3.
Là, au contraire, en augmentant la taille du modèle et la quantité de données d'apprentissage...
on a vu émerger de nouvelles propriétés.
GPT-3 et ses « petits frères » LLM ont révolutionné la recherche sur l'IA... et ouvert de nombreuses perspectives côté business.

Et depuis, c'est de la folie ... Entre labos de recherche, start-up et multinationales, tout le monde s'est mis à développer des LLM.
Nous, chez KLAI, on a conçu AiDA.

Dès qu'on lui a donné des textes à « lire », elle a su d'elle-même repérer les structures... et elle s'est mise à « parler ».

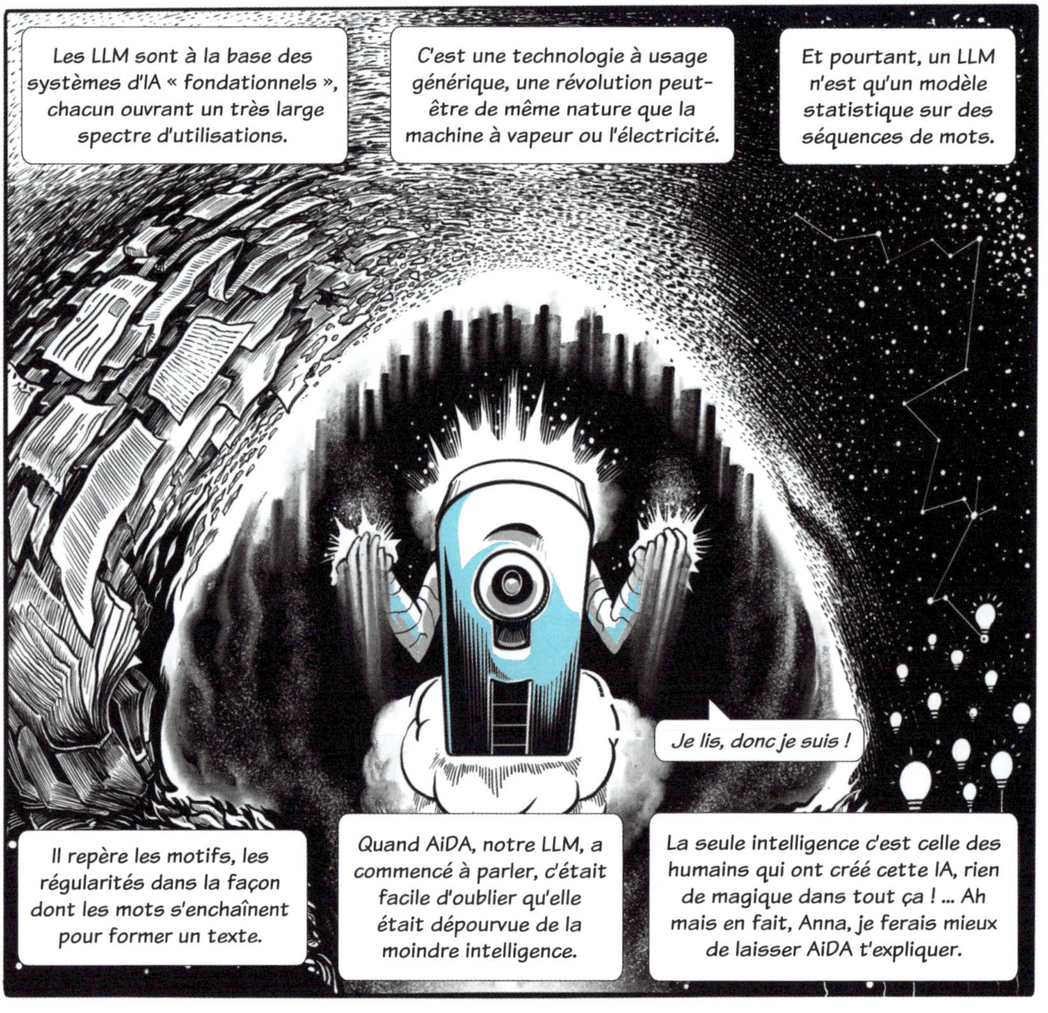
Les LLM sont à la base des systèmes d'IA « fondationnels », chacun ouvrant un très large spectre d'utilisations.
C'est une technologie à usage générique, une révolution peut-être de même nature que la machine à vapeur ou l'électricité.
Et pourtant, un LLM n'est qu'un modèle statistique sur des séquences de mots.
Je lis, donc je suis !
Il repère les motifs, les régularités dans la façon dont les mots s'enchaînent pour former un texte.
Quand AiDA, notre LLM, a commencé à parler, c'était facile d'oublier qu'elle était dépourvue de la moindre intelligence.
La seule intelligence c'est celle des humains qui ont créé cette IA, rien de magique dans tout ça ! ... Ah mais en fait, Anna, je ferais mieux de laisser AiDA t'expliquer.

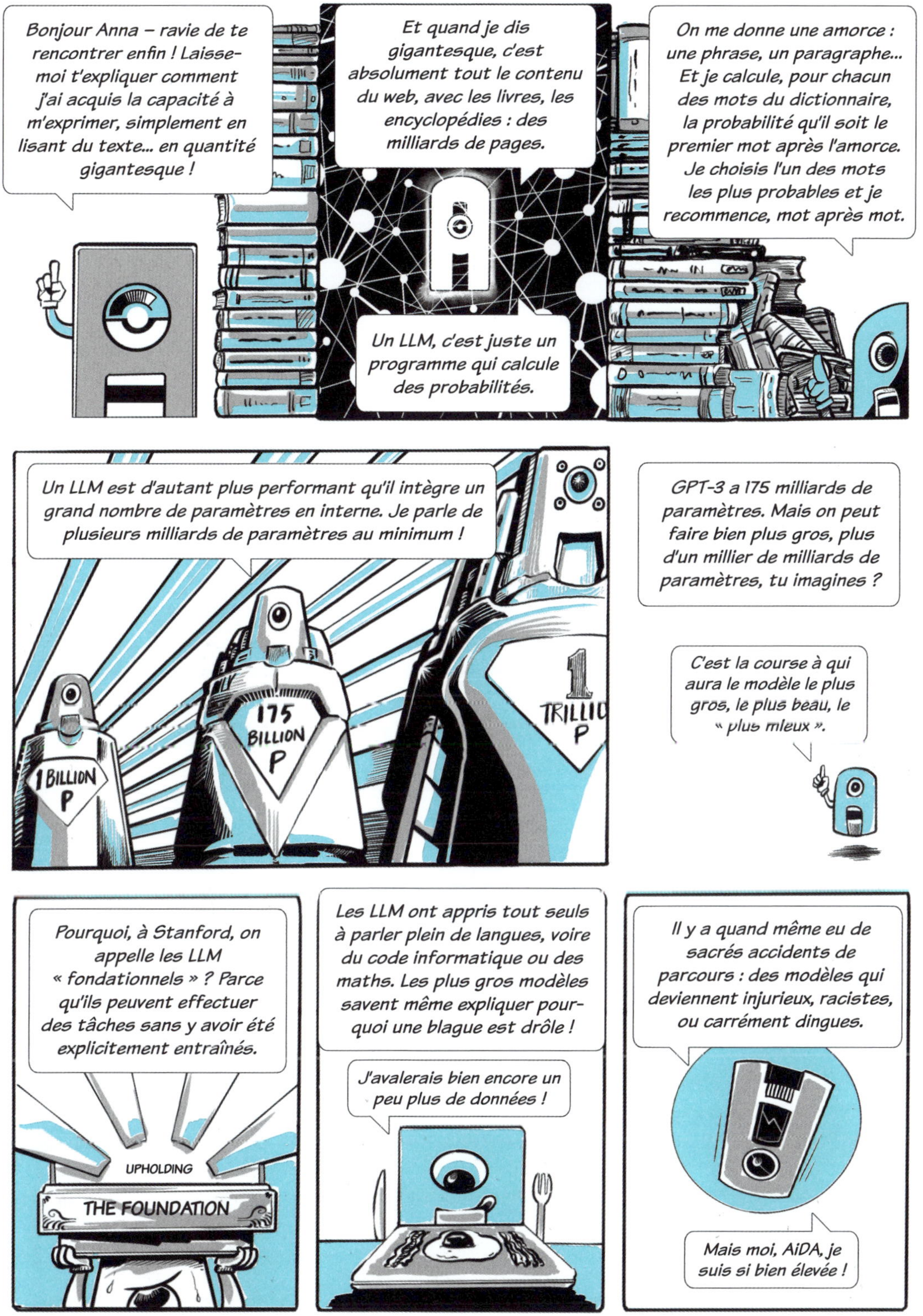
Bonjour Anna – ravie de te rencontrer enfin ! Laisse-moi t'expliquer comment j'ai acquis la capacité à m'exprimer, simplement en lisant du texte... en quantité gigantesque !
Et quand je dis gigantesque, c'est absolument tout le contenu du web, avec les livres, les encyclopédies : des milliards de pages.
Un LLM, c'est juste un programme qui calcule des probabilités.
On me donne une amorce : une phrase, un paragraphe... Et je calcule, pour chacun des mots du dictionnaire, la probabilité qu'il soit le premier mot après l'amorce. Je choisis l'un des mots les plus probables et je recommence, mot après mot.
Un LLM est d'autant plus performant qu'il intègre un grand nombre de paramètres en interne. Je parle de plusieurs milliards de paramètres au minimum !
1 BILLION P
175 BILLION P
1 TRILLIO P
GPT-3 a 175 milliards de paramètres. Mais on peut faire bien plus gros, plus d'un millier de milliards de paramètres, tu imagines ?
C'est la course à qui aura le modèle le plus gros, le plus beau, le « plus mieux ».
Pourquoi, à Stanford, on appelle les LLM « fondationnels » ? Parce qu'ils peuvent effectuer des tâches sans y avoir été explicitement entraînés.
UPHOLDING
THE FOUNDATION
Les LLM ont appris tout seuls à parler plein de langues, voire du code informatique ou des maths. Les plus gros modèles savent même expliquer pourquoi une blague est drôle !
J'avalerais bien encore un peu plus de données !
Il y a quand même eu de sacrés accidents de parcours : des modèles qui deviennent injurieux, racistes, ou carrément dingues.
Mais moi, AiDA, je suis si bien élevée !

Dès que mon entraînement s'est terminé, Hugo et son équipe m'ont mise au travail.
J'écris des e-mails à leurs clients, je rédige des posts marrants sur Instagram, je résume des documents... et plein d'autres choses.
En quelques semaines et plusieurs mises à jour, je suis devenue indispensable chez KLAI.
Pourvu qu'il y ait du texte et je suis à l'aise, et dans plein de langues encore !
Mais je peux aussi apprendre à manier d'autres types de données, les images, la vidéo ou même les séquences d'ADN.
Notre point fort à KLAI, c'est d'être performants même dans les langues les plus rares. C'est grâce à ça qu'Hugo a subjugué REAL !
C'est incroyable tout ce qu'on peut faire avec les modèles fondationnels ! Il y a tant d'ordre dans le chaos !
Bravo AiDA. Hugo, tu l'as même entraînée à te flatter à ce que je vois !
Haha !
Ça me fait penser à ce conte indien, The Dream Machine. La machine qui exauce les rêves de celui qui la possède.
Bien sûr, dans le conte ça tourne mal, tous les villageois finissent par s'entre-tuer pour la machine.
Ça ressemble un peu à ton affaire, non ?
Hé !

Hugo, c'est certainement génial ce que tu me racontes. Mais tu es dans une drôle de bulle, là...
Une tisane avant de dormir ?
Non merci. Je me lève tôt demain, j'ai une visio à 7 h.
OK. Bonne nuit, Anna, j'arrive.
AiDA, quoi de neuf ?
Tu viens de recevoir un e-mail de Gerard, de REAL.E.
À minuit ?! OK, qu'est-ce qu'il dit ?
KLAI
MAX

Gerard étend le contrat, avec encore plus de langues à couvrir.
Il espère que cela va te convaincre de rejoindre la « grande famille » REAL.
Mais il insiste sur l'exclusivité pour toutes les nouvelles langues. Tu ne pourras pas travailler avec ses concurrents. C'est non négociable.
Quoi ? Montre-moi l'e-mail !
« En tant que membre de la famille REAL vous avez accès à des facilités bancaires pour le crédit, ou du conseil fiscal », et blablabla et blablabla...
« Une assurance " Live Beyond (TM) " et l'accès à des appartements dans des lieux d'exception » ... C'est dingue !
Hugo, demain ça fera 10 ans que vous avez emménagé ici avec Anna. Tu ne voudrais pas marquer le coup ?
Ah, merci AiDA. Rappelle-le-moi à l'heure du déjeuner, et trouve-moi des idées de cadeau.
C'est noté, Hugo. Bonne nuit !

SUPERHUGO
contre
LA TEMPÊTE
BRRR...
BRR..
Oh oh ! Dans le cloud, ça devient menaçant !
Le système est saturé par plein de saloperies...
Ça va planter ! Ça va péter !
Un vrai déluge de données ! Tous aux abris !
KA BOOM
Le seul qui peut nous sauver c'est... SuperHugo !

2. Des rêves faits à la machine

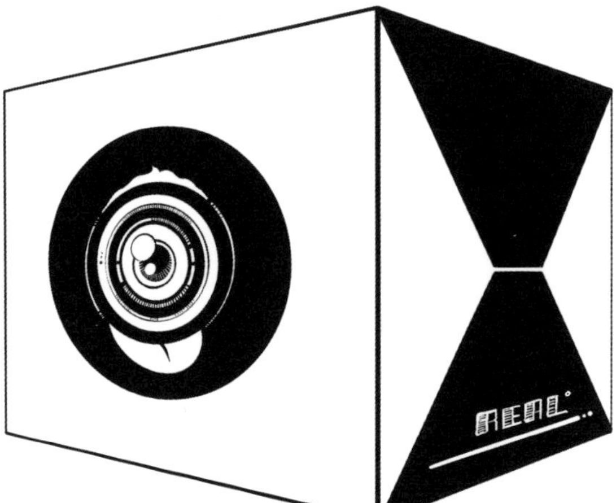

Oui, les suppressions d'emplois seront colossales : c'est le prix du progrès.
Le progrès, mais pour qui ? Qui paie les pots cassés ? Les multinationales comme REAL vont se goinfrer...
alors que des experts prévoient qu'à court terme, près de 90 % de la population pourrait être affectée, et 50 % de façon brutale.
Tout d'un coup, on se retrouve en pleine dystopie.
Sans parler de ce que ça va coûter en énergie et en ressources.
DANGER!
C'est le rêve de qui, ça ? C'est vraiment le tien ?
REAL?
La révolution industrielle a pris cent ans.
L'IA bouscule tout en un clin d'œil.
Et cette fois, on ne parle plus seulement des tâches répétitives, mais aussi des jobs créatifs ou du management.
AI

On fait quoi, là ?
Bzz-bzz...
Bip-bip...
Bonjour Hugo. Tu as un mail de Mathilde et un d'Ayyo !
Mathilde, elle dit quoi ?
Elle te retrouve à la conférence NeurIPS à Vancouver.
Montre-moi le mail d'Ayyo.
Coucou, tu as fini ?

Mon client a annulé. Du coup, j'ai regardé des vidéos sur YouTube…
sur l'intérêt de l'IA en marketing – je n'y connais rien, et mes clients me gavent avec ça. Ils veulent tout automatiser : la stratégie, les pubs, etc.
Comme si je devais les aider à me virer !
C'est pareil dans tous les secteurs. Ayyo dit que même ses amis artistes s'inquiètent.
Mais tu le connais, c'est les histoires de fake news qui le préoccupent, lui. Il te fait la bise.
Toujours avec ses BD sur les complotistes ? Comment il va, lui ?
Ça va. Il était juré pour un concours de dessin et plusieurs œuvres avaient été générées par l'IA…
Quand je lui ai dit qu'un prix avait été décerné aux États-Unis à une œuvre comme ça, il a été effaré.
Tu vois bien, c'est pas aussi simple que tu le dis.

C'est-à-dire ?
Au début, ça me semblait un peu délirant, mais, en fait, ça s'inscrit dans le contexte des attaques contre la démocratie, dans le monde entier.
Et tout ce qui nous préoccupe, c'est les suppressions d'emplois. Ça n'a pas de sens !
Tu ne crois pas qu'on devrait utiliser l'IA pour résoudre les vrais problèmes ? Ils s'en foutent, les génies de l'IA, de la misère du monde ?
Les guerres, les menaces sur le droit à l'avortement, les réfugiés, la corruption... sans oublier les catastrophes climatiques.
Mais enfin, tu ne peux quand même pas tout attendre de l'IA ! D'abord, ces problèmes, c'est l'humain qui les a créés.
Et avec l'IA, on est en train d'en ajouter un autre. Il n'y a qu'à voir les robots tueurs !
Oh, le militaire, c'est vraiment pas mon truc. Et puis, tu as beau dire, on n'a pas attendu l'IA pour tuer son prochain...

Alors, c'est quoi l'objectif de la recherche en IA aujourd'hui ?
Hum... Franchement : faire de plus gros modèles qui apprennent plus... en espérant qu'on va trouver à quoi ça sert.
D'accord, mais alors, quand est-ce que l'IA pourra s'attaquer aux vraies questions, la santé, la pauvreté ?
Écoute, y a plein d'applications utiles, mais OK, peut-être pas à la hauteur de ce dont tu parles.
Et voilà : tout ce qui vous intéresse, c'est qui a la plus grosse machine. C'est quand même pas hyper responsable.
Bon, c'est pas ce que je voulais dire...
Non, non, tu as raison. Avec KLAI, je m'emballe trop.
Je devrais probablement me poser un peu plus de questions.
Excuse-moi...
KLAI

C'est incroyable comme tu mets toujours le doigt là où ça fait mal !
En vrai, les chercheurs s'interrogent de plus en plus.
On parle beaucoup d'IA éthique, mais ça va tellement vite technologiquement, et des questions inédites surgissent à chaque instant.
Tu vois, dans mon cours sur l'IA, on se cantonne gentiment à la technique, mais rien sur l'éthique ou l'impact social.
Ah, mais c'est le jour de ton expédition !
Chaque semaine, je prends un bus, le RER, puis encore un bus pour aller donner ce cours.
Anna appelle cela mon expédition du mardi.
DING ! Message d'Anna : « Passe une bonne journée. À ce soir. Je t'embrasse. »
Elle a raison, il faut que je me renseigne sur REAL.E– on a une bonne semaine avant de finaliser le contrat.

Le « jeu de l'immortalité » ! On vit une époque formidable...
AiDA, résume-moi tout ce que tu trouves sur REAL.E – la vie et au-delà. Et texto à Anna : « Je rapporte le dîner. Je t'embrasse. »
DING ! Tu dois trouver un cadeau pour Anna. Aujourd'hui, c'est le 10e anniversaire de...
Ah, rappelle-le-moi plus tard.
Les étudiants savent qu'ils vont contribuer à une rupture technologique majeure, c'est grisant ! Mais comment est-ce que je les équipe pour que, demain, ils prennent les bonnes décisions ?
Les modèles en IA sont devenus tellement gigantesques que seules les boîtes privées peuvent se les offrir.
C'est quand même gênant que les universités ou les instituts de recherche publics n'aient pas des moyens de calcul à la hauteur... Ça biaise un peu le sens du « progrès ».

Comme on l'a vu la dernière fois, les LLM ne sont que d'énormes programmes à faire des statistiques.
Ils considèrent un texte comme une série de mots, cherchent des motifs dans la manière dont les mots sont combinés, ce qui leur permet de créer un nouveau texte. Mais ils n'ont absolument aucune idée du sens de ces mots !
La même approche vaut pour toutes les données séquentielles, par exemple pour faire des prévisions météo ou du repliement de protéines à partir des séquences ADN. Comme le machine learning, c'est une question de statistiques : plus il y a de texte, et mieux on repère les liens entre les mots.
Ces motifs, c'est ce qui est encodé par les paramètres du réseau de neurones. Contrairement à l'IA symbolique, les mots sont ici traités sans aucune notion de signification ni de syntaxe. C'est un apprentissage « brute force », bien bourin !
C'est comme ça que les bébés apprennent à parler, non ?
Eh bien, il y a quelques similitudes. Dans le cerveau, des neurones se spécialisent sur certains motifs...
et, progressivement, les connexions entre eux vont se renforcer. Il y a un effet comparable avec les réseaux de neurones artificiels...
mais là, c'est hyper simplifié par rapport aux neurones biologiques : le but est de produire des applications en IA, pas d'imiter le cerveau.
Voilà ce qui se passe dans un LLM : c'est un calcul de probabilités conditionnelles.
Proba (mot_{N+1} | mot_N, mot_{N-1}, ... mot_{N-P})
On calcule ici la probabilité du mot suivant, conditionnée par les P mots de l'amorce – le prompt. Ce nombre P, c'est ce qu'on appelle la taille de contexte, la taille maximum de l'amorce qui va influer sur le mot suivant : dans les LLM, ça monte à plusieurs milliers de mots.
Vu la quantité de combinaisons possibles, ce calcul est loin d'être simple – et c'est bien la force des réseaux de neurones artificiels.

Maintenant, voyons en détail comment construire un LLM. D'abord, les ingrédients.
Versez une bonne dose de données textuelles – c'est le corpus d'entraînement. Encore une fois, plus on a de données, mieux c'est.
Mais, attention, il faut du texte de bonne qualité : éliminez les pubs, le porno, tout ce qui est douteux.
Ensuite, les outils. Là, rien de moins qu'un supercalculateur !
Pour entraîner le modèle GPT-3, il a fallu mobiliser l'équivalent de 5 000 cartes accélératrices GPU pendant un mois en continu.
Il n'y a pas beaucoup d'organisations dans le monde qui ont ces capacités de calcul, au moins dans le public. Et je ne vous dis pas le coût : plusieurs millions de dollars pour l'entraînement d'un seul modèle.
Et enfin, la méthode ! Ça commence par une bonne architecture de modèle. Avant, le machine learning prenait en compte les interactions entre deux éléments seulement…
… par exemple, la probabilité que deux mots soient voisins.
L'architecture dite par « Transformer » permet d'aller un cran plus loin, en prenant en compte tout le contexte des mots environnants – c'est ce qu'on appelle un mécanisme « d'attention ». Ça booste les performances… mais le calcul est bien plus lourd.
Le défi, après, c'est de faire tourner des milliers de serveurs sur un seul programme : c'est un sacré problème de parallélisation du calcul, pour éviter que les serveurs ne s'attendent les uns les autres.

Voilà, le modèle est entraîné, il est prêt à générer du texte.
HA!
HA!
On saisit l'amorce, le modèle choisit le mot suivant le plus probable, et il enchaîne !
Il était une
fois - probabilité = 44 %
fermière - probabilité = 5 %
autre - probabilité = 3 %
seconde - probabilité = 2 %
...
caramel - probabilité = 0,0002 %
Pour plus de variété, on peut aussi choisir au hasard le prochain mot parmi les plus probables.
Ça fait un nombre quasi infini de possibilités.
Passons aux exercices pratiques. Tout l'art est d'écrire une bonne amorce.
C'est en fonction de ce que vous mettez dans le prompt que le LLM embraye et produit la suite.
Ici, je lui ai demandé de rédiger un post sur Instagram pour un fleuriste de luxe à Paris.
Aux incurables romantiques parisiens, [nom du fleuriste] est fait pour vous ! Séduisez votre élu.e avec nos compositions florales raffinées. Un geste peut-être un peu désuet, mais qui sera apprécié.
En prime, prenez un selfie mémorable avec la tour Eiffel depuis notre boutique idéalement située en plein cœur de la rive gauche.
Osez vous montrer sophistiqué, poétique et amoureux. Cliquez sur le lien pour une sélection de compositions florales de saison. #fleurs #bouquet #compositionflorale #romantique #paris

Pas mal, hein ?
La semaine prochaine, on verra les méthodes avancées de prompting.
À vous de jouer avec le modèle pour apprendre à faire un bon prompt.
Ensuite, demandez explicitement au système de justifier chacun de ses choix – ça permet de limiter les réponses non factuelles ou « hallucinations ».
Et si les méthodes de prompting avancées ne donnent toujours pas satisfaction, il y a moyen d'affiner un LLM sur une tâche précise, ou sur des données spécifiques.
Bon, je vois que vous saturez, on verra tout ça la semaine prochaine !

DING ! Tu as reçu un e-mail de Gerard !
Ouvre-le.
Bienvenue dans la famille REAL.
Mais merde, mon téléphone plante !
Reboote AiDA. AiDA ?...
DING ! Bonjour, Hugo.
Ah, enfin ! AiDA, ouvre-moi l'e-mail de Gerard.
Quel e-mail ?

C'est pas demain que l'IA te fera des pâtes aux asperges !
Et ta journée ?
Pas mal. D'habitude, quand tu cuisines, c'est signe que tu es stressé. Ça va ?
Épuisé, mais ça va. On est à un moment clé, là ...
et je ne veux pas me planter. J'ai repensé à ce que tu m'as dit ce matin.
Je veux qu'on soit irréprochables. La techno n'a de valeur qui si elle est exploitée de façon responsable. Faut pas qu'on l'oublie.
Je suis sûre que tu n'oublieras pas... mais je te le rappellerai de temps en temps.
Figure-toi, j'ai reçu quatre e-mails d'agents immobiliers. C'est dingue, ils savent exactement ce qu'on veut.
L'un des mails avait une pièce jointe bizarre, je ne l'ai pas ouverte. Tu vois, je retiens tes leçons !

SUPERHUGO
dans À GRANDS POUVOIRS, GRANDE CONSOMMATION D'ÉNERGIE
BIP
BIP
BIP
BIP
...!
À moi les pouvoirs !
Mais qu'est-ce que...

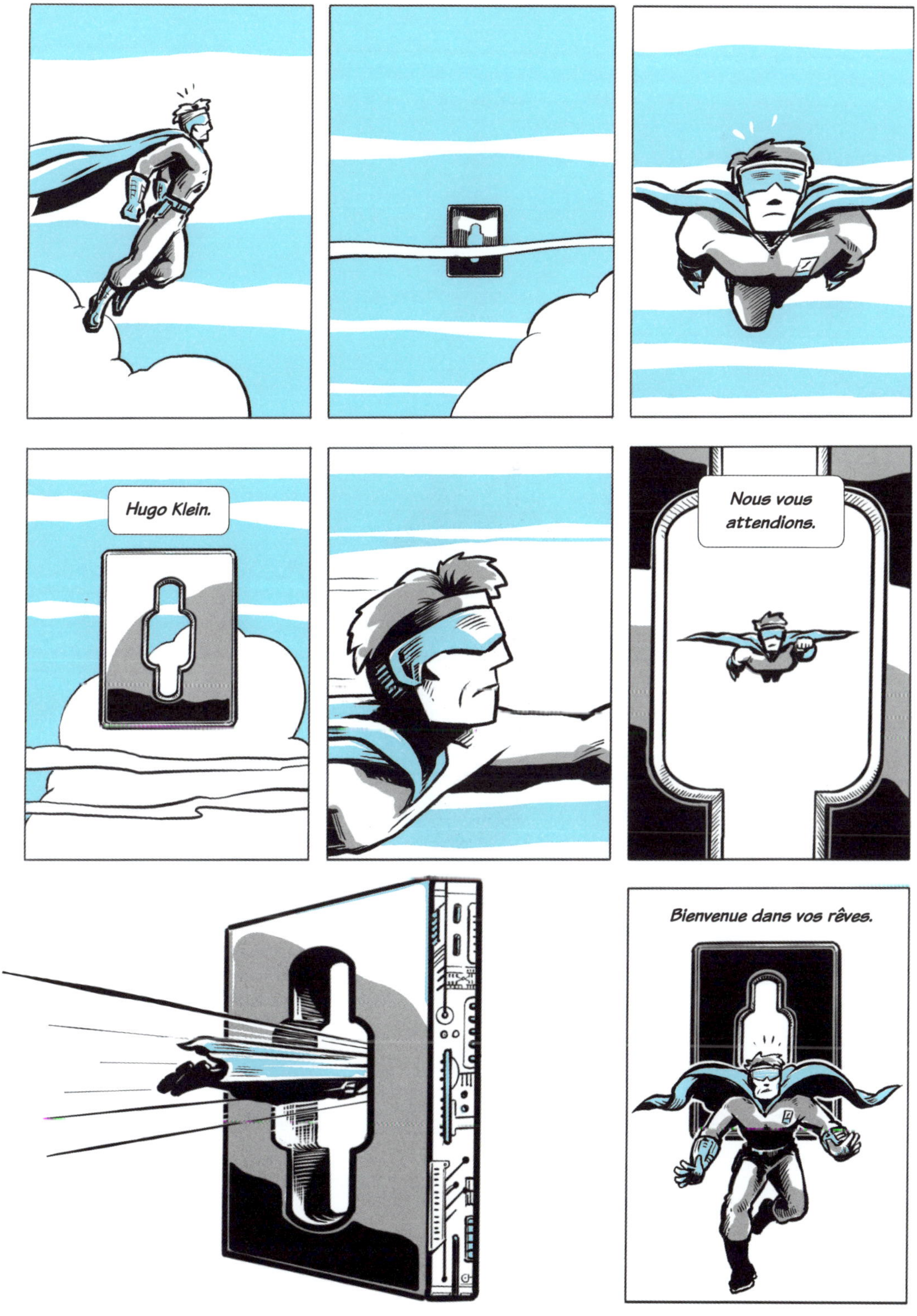
Hugo Klein.
Nous vous attendions.
Bienvenue dans vos rêves.

3. La mécanique des rêves

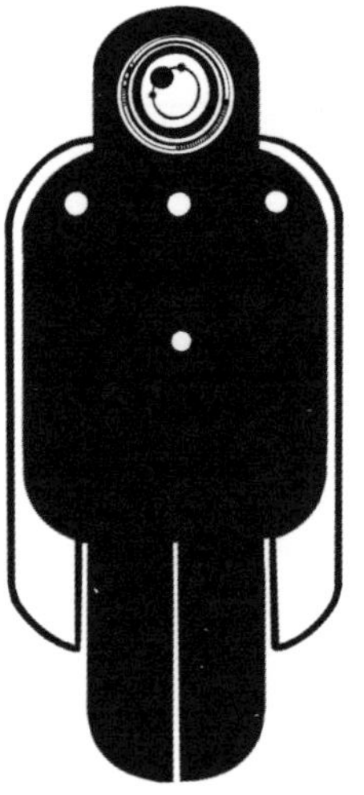

VR
REAL·E
FUCK NFTS

J'adore l'odeur du café quand j'arrive au bureau.
KLAI
Hmm. Ça sent la clope aussi – Federico est là !
Salut tout le monde. Ça a l'air d'aller !
Federico propose qu'on déménage dans le Silicon Sentier.
Et Milena trouve qu'on est trop à l'étroit. Je suis d'accord avec elle !

On fait des plans sur la comète, alors ?
T'as raison, faut quand même pas oublier nos autres clients.
Il faut surtout qu'on épluche le contrat REAL.E aujourd'hui. Demain, je pars pour NeurIPS, et je veux avant envoyer nos remarques à l'avocat. On aura sa validation à mon retour.
OK, au boulot !

TVNation nous demande un outil pour rédiger des résumés de tout leur catalogue de films – c'est pour leur nouveau site Internet. Ils n'ont que des bribes de texte, très disparates. Et si on transcrivait automatiquement la bande son pour en faire des résumés – vous pensez que ça peut marcher ?
Ben ouais. C'est un peu ce qu'on a fait avec ce site de e-commerce allemand.
Ah oui, ceux qui vendaient des milliers de références qui changeaient tout le temps ! On avait réussi à générer des fiches produit adaptées à chaque canal de distribution, le tout en temps réel.
On avait eu des bons résultats en « few shot » : un prompt bien senti, quelques exemples du style recherché, et on arrivait à générer automatiquement des textes bien accrocheurs juste à partir des fiches produit. Je suis sûr que ça va fonctionner aussi avec les vidéos.
Ça serait bien que tu dises ça à leur équipe technique.
Préviens-moi quand tu auras quelque chose à leur montrer.

Ça semble tellement simple, ces LLM, on leur parle dans la langue de tous les jours. Mais tout est dans le prompt...
... le LLM se contente de le compléter, donc c'est crucial de le rédiger hyper soigneusement.
Regardez, je prompte avec « Raconte-moi une histoire »... Eh bien, il me baratine sur une chanson qui s'intitulerait « Raconte-moi une histoire » d'un prétendu groupe de rock japonais, Tokyo Radio Fan.
KLAI
Le LLM n'a rien compris à ce que je demandais, c'est la faute du prompt !
Il faut donner plus d'informations sur ce que tu veux, du contexte.
KLAI
Allez, on en essaie un autre. « J'écris un blog sur les applications de l'IA dans la vie de tous les jours. Aujourd'hui, je parle de l'utilisation de l'IA pour améliorer les moteurs de recherche comme Google. Voici quatre titres accrocheurs pour cet article : »
...
Alors, le résultat est :
KLAI
1. « L'IA réinvente les moteurs de recherche »
2. « L'intelligence artificielle transforme votre expérience de recherche »
3. « La révolution des moteurs de recherche grâce à l'IA »
4. « L'IA améliore votre quotidien de recherche en ligne »
Hmm. Pas mal, non ? Ça, c'est l'approche « zero shot ».
Le prompt était suffisamment explicite sur la tâche à accomplir.
KLAI
On peut obtenir des résultats encore meilleurs en « few shot » : il suffit de fournir quelques exemples de ce qu'on souhaite en sortie.

Regarde, ici, le LLM va répondre aux commentaires des clients sur les réseaux sociaux à propos d'un restaurant. Allez on essaie en « two-shot » : on fournit dans le prompt deux exemples d'avis client et de réponse, et après on le laisse se débrouiller sur le troisième avis. Voici le prompt : « Réponds aux avis clients suivants : »
Avis 1 :
« Je suis un habitué du lieu, vraiment une valeur sûre. Accueil chaleureux et pizzas parfaites. Toujours super ! À très bientôt ! »
Voici la réponse du patron :
« Merci beaucoup pour votre avis – c'est très important pour nous ! À très bientôt ! »
Avis 2 :
« Grosse déception ! Trop cher pour ce que c'est. Le tiramisu était copieux mais trop liquide. »
Et la réponse du patron :
« Merci pour ce commentaire qui nous permet de nous améliorer. Nous sommes désolés que vous ayez été déçus et ferons tout pour vous satisfaire si vous revenez nous voir. »
Avis 3 :
« Super pizzeria ! Super ambiance ! Ne changez rien ! »
Voici la réponse du patron :
Et le LLM embraye : « Merci ! Nous sommes ravis que vous appréciiez les pizzas et l'atmosphère. À très bientôt ! »
C'est bien, mais il est sacrément long, ce prompt !
C'est vrai. Un prompt peut prendre plusieurs pages, mais quand il est bien conçu, et c'est le travail de notre « prompt engineer », il fonctionne pour n'importe quel avis client.
C'est ça, la force des systèmes pré-entraînés : quelques exemples, et ils comprennent ce qu'on attend d'eux.
Il est en outre possible de jouer sur la « température », un paramètre dans le LLM qui augmente sa « créativité »...
... en l'autorisant à piocher des mots un peu moins probables. Super pour la rédaction de texte et le marketing.
Pour vos résumés de films, on a besoin de rester factuel et fidèle au scénario : on va garder une « température » plutôt basse.
On fait quelques tests et on se revoit.

Ça y est, j'ai la transcription de la bande son d'un de leurs films – on fait comment, maintenant ?
On demande au modèle les thèmes et les mots-clés de chaque séquence et, à partir de ça, on lui fait écrire le résumé de la séquence. Allez, on essaie en « zero-shot ».
Prompt : « AiDA, voici un extrait d'un documentaire : »

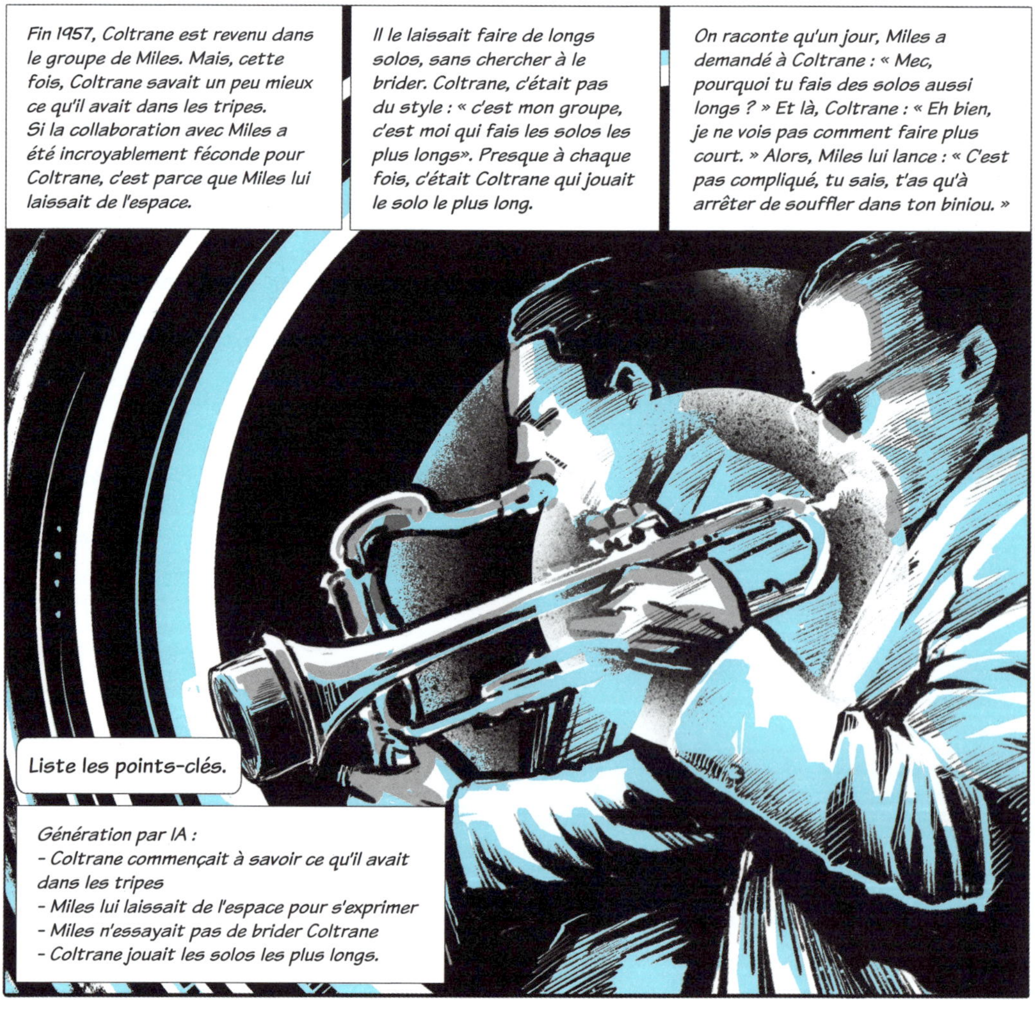
Fin 1957, Coltrane est revenu dans le groupe de Miles. Mais, cette fois, Coltrane savait un peu mieux ce qu'il avait dans les tripes.
Si la collaboration avec Miles a été incroyablement féconde pour Coltrane, c'est parce que Miles lui laissait de l'espace.
Il le laissait faire de longs solos, sans chercher à le brider. Coltrane, c'était pas du style : « c'est mon groupe, c'est moi qui fais les solos les plus longs». Presque à chaque fois, c'était Coltrane qui jouait le solo le plus long.
On raconte qu'un jour, Miles a demandé à Coltrane : « Mec, pourquoi tu fais des solos aussi longs ? » Et là, Coltrane : « Eh bien, je ne vois pas comment faire plus court. » Alors, Miles lui lance : « C'est pas compliqué, tu sais, t'as qu'à arrêter de souffler dans ton biniou. »
Liste les points-clés.
Génération par IA :
- Coltrane commençait à savoir ce qu'il avait dans les tripes
- Miles lui laissait de l'espace pour s'exprimer
- Miles n'essayait pas de brider Coltrane
- Coltrane jouait les solos les plus longs.

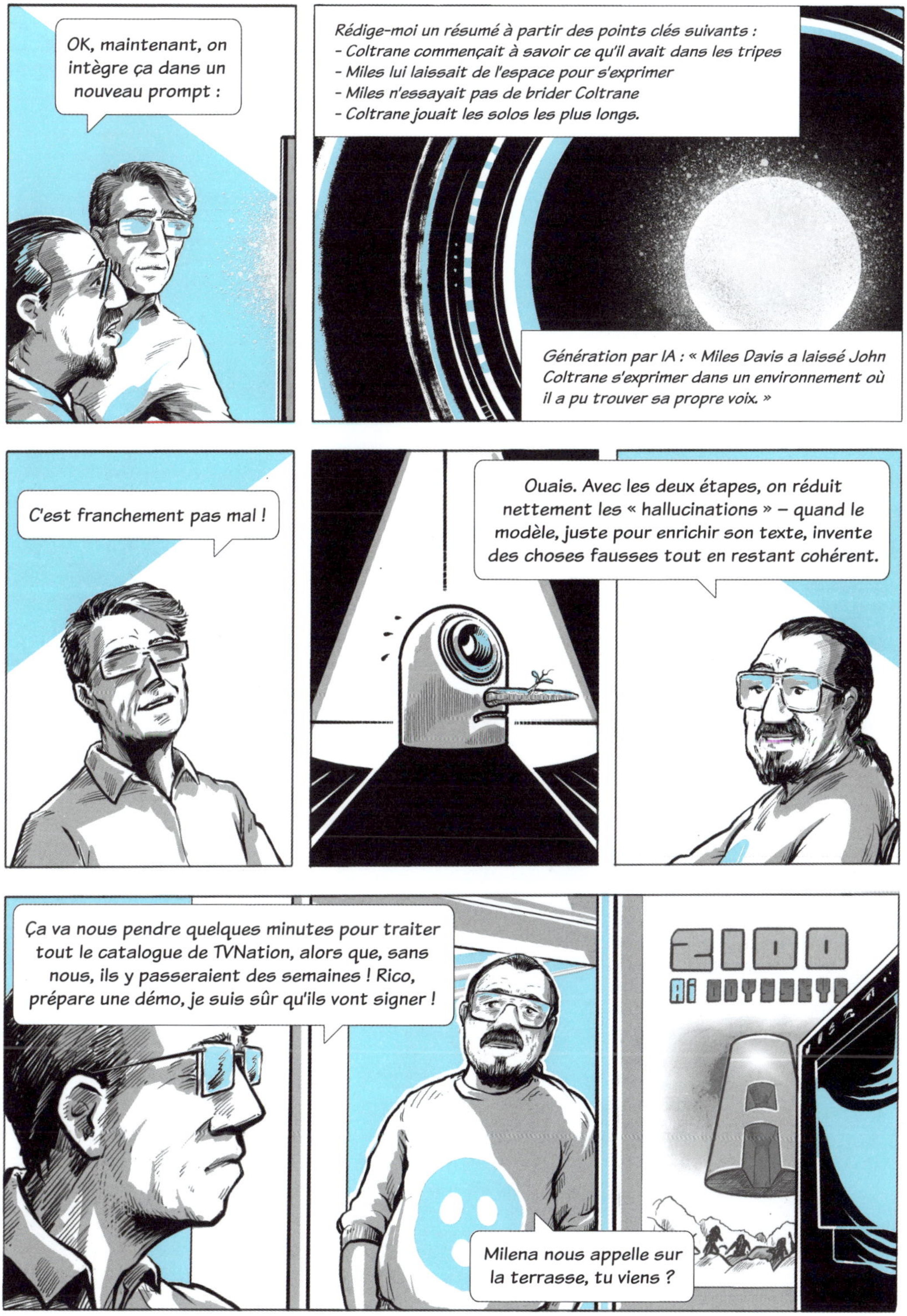
OK, maintenant, on intègre ça dans un nouveau prompt :
Rédige-moi un résumé à partir des points clés suivants :
- Coltrane commençait à savoir ce qu'il avait dans les tripes
- Miles lui laissait de l'espace pour s'exprimer
- Miles n'essayait pas de brider Coltrane
- Coltrane jouait les solos les plus longs.
Génération par IA : « Miles Davis a laissé John Coltrane s'exprimer dans un environnement où il a pu trouver sa propre voix. »
C'est franchement pas mal !
Ouais. Avec les deux étapes, on réduit nettement les « hallucinations » – quand le modèle, juste pour enrichir son texte, invente des choses fausses tout en restant cohérent.
Ça va nous pendre quelques minutes pour traiter tout le catalogue de TVNation, alors que, sans nous, ils y passeraient des semaines ! Rico, prépare une démo, je suis sûr qu'ils vont signer !
2100
Milena nous appelle sur la terrasse, tu viens ?

Alors, les gars, qu'est-ce qu'on fait pour REAL.E ?
Côté techno, on a toutes les briques. Il n'y a plus qu'à se mettre d'accord avec eux sur des histoires de format. Il faudra rajouter l'hindi et leurs nouvelles langues, mais ce n'est pas un problème, puisqu'ils fournissent les bases d'entraînement.
Donc, on a besoin de quoi... quelques mois ?

Quelques semaines, plutôt, si notre fournisseur de cloud suit au niveau des capacités de calcul.
Génial ! Entre nous, leur jeu de l'immortalité, ça me semble assez bidon. REAL.E – la vie et au-delà !? Mais qui va acheter ce truc ?
Moi, je suis sûr que ça va marcher, parce que c'est exactement ce que les gens veulent entendre.

Niveau financier, c'est presque trop beau pour être vrai. Ils doivent bien savoir qu'on signerait à beaucoup moins. Qu'est-ce que ça cache ?
Hmmm...
Peut-être que c'est la clause d'exclusivité – ça nous coupe de tous leurs concurrents.
BIZ
C'est vrai qu'ils sont dans tellement de secteurs que leurs concurrents, c'est à peu près n'importe qui – il faut préciser cette clause. Est-ce qu'on n'est pas en train de louper quelque chose ?
Avec leurs histoires d'avatar virtuel, les joueurs filent toutes leur données privées – c'est du jamais vu. Mais qu'est-ce qu'elles deviennent ?
On devrait bientôt en savoir un peu plus. Il y a plein de rumeurs sur REAL en ce moment dans le petit monde de la tech.
Comme quoi ?!

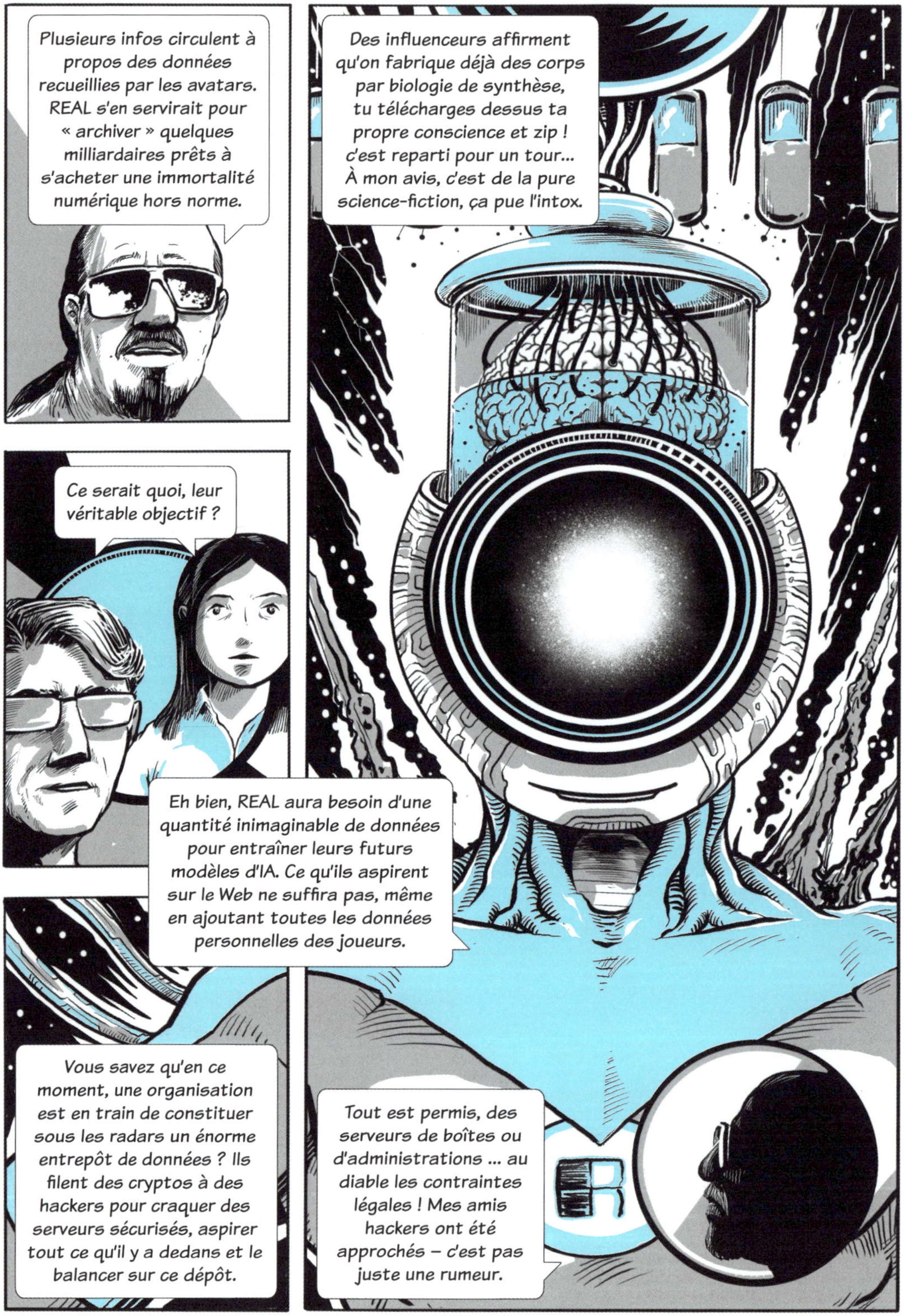

Plusieurs infos circulent à propos des données recueillies par les avatars. REAL s'en servirait pour « archiver » quelques milliardaires prêts à s'acheter une immortalité numérique hors norme.
Des influenceurs affirment qu'on fabrique déjà des corps par biologie de synthèse, tu télécharges dessus ta propre conscience et zip ! c'est reparti pour un tour... À mon avis, c'est de la pure science-fiction, ça pue l'intox.
Ce serait quoi, leur véritable objectif ?
Eh bien, REAL aura besoin d'une quantité inimaginable de données pour entraîner leurs futurs modèles d'IA. Ce qu'ils aspirent sur le Web ne suffira pas, même en ajoutant toutes les données personnelles des joueurs.
Vous savez qu'en ce moment, une organisation est en train de constituer sous les radars un énorme entrepôt de données ? Ils filent des cryptos à des hackers pour craquer des serveurs sécurisés, aspirer tout ce qu'il y a dedans et le balancer sur ce dépôt.
Tout est permis, des serveurs de boîtes ou d'administrations ... au diable les contraintes légales ! Mes amis hackers ont été approchés – c'est pas juste une rumeur.

Seul un État voyou ou une énorme multinationale peut se lancer dans un truc pareil. Vu les projets de REAL, c'est clair qu'ils sont en haut de la liste des suspects. Si c'est eux, ils tombent sous le coup des réglementations américaine et européenne sur les données.
Hé, on avait dit pas les sujets qui fâchent – mais il faut quand même se tenir au courant, les gars ! Je vous enverrai le fil Reddit sur REAL, plus quelques trucs assez effrayants sur 4chan, vous allez adorer !
Et c'est maintenant que tu nous en parles ?
Je leur ai promis une réponse sur le contrat cette semaine. On a besoin de plus de temps.
Je les préviens tout de suite.
Ne te mets pas trop de pression, on n'est pas obligés d'y aller. Et je suis content qu'on se pose ces questions, comme à nos débuts !

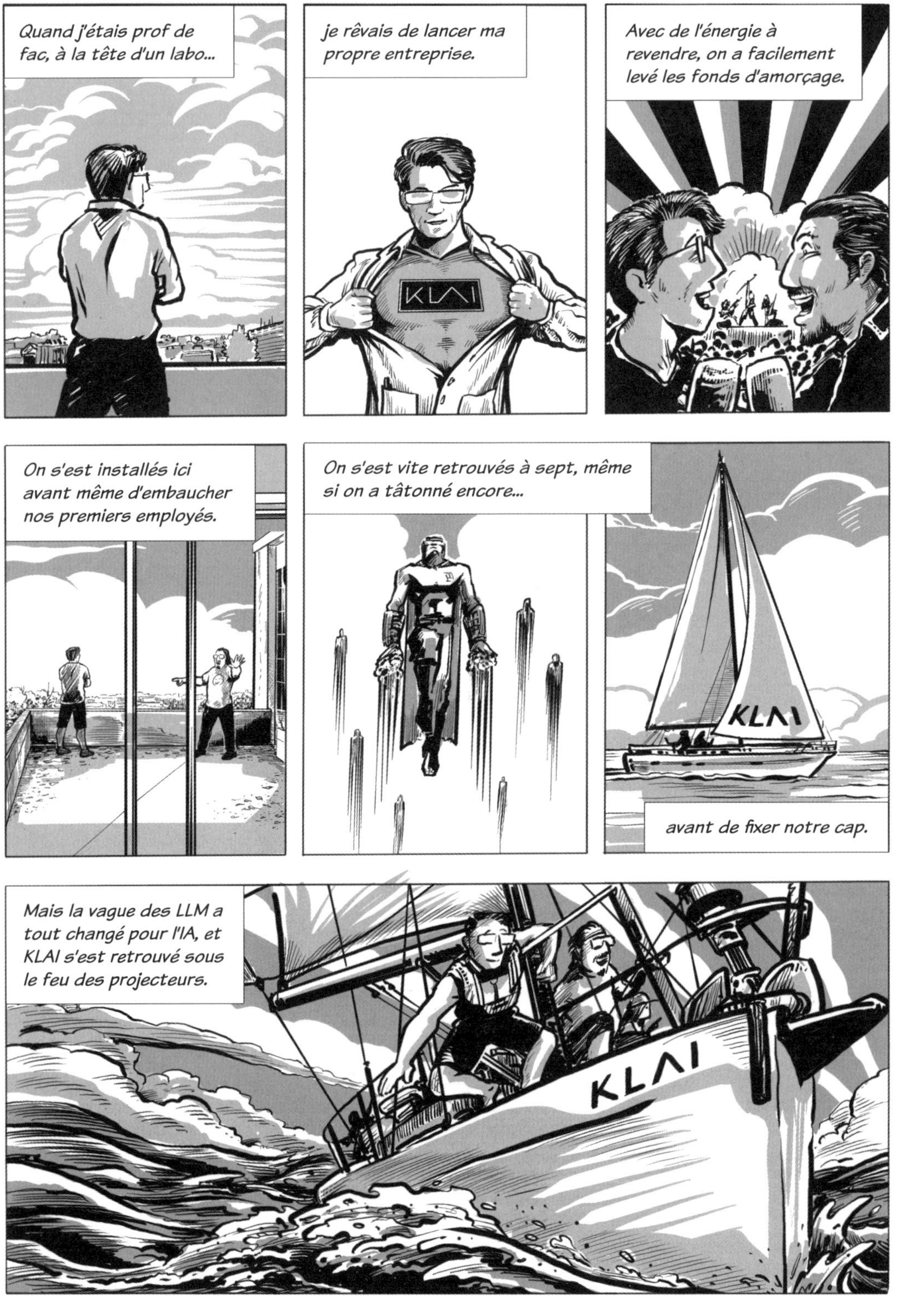
Quand j'étais prof de fac, à la tête d'un labo...
je rêvais de lancer ma propre entreprise.
KLAI
Avec de l'énergie à revendre, on a facilement levé les fonds d'amorçage.
On s'est installés ici avant même d'embaucher nos premiers employés.
On s'est vite retrouvés à sept, même si on a tâtonné encore...
KLAI
avant de fixer notre cap.
Mais la vague des LLM a tout changé pour l'IA, et KLAI s'est retrouvé sous le feu des projecteurs.
KLAI

REAL.E, c'est pour KLAI un contrat à plusieurs millions de dollars, ça change tout pour notre levée de fonds en Série A. On sera peut-être même rachetés !
KLAI
Ça ne pourrait pas aller mieux !
Savoure l'instant, Hugo.

SUPERHUGO
dans
LA CHUTE DE L'HOMME
DING !
Ouah, quel rêve... Merde ! Je suis en retard.
Relaxe, Hugo. Aujourd'hui, tu ne travailles pas, tu joues !
Qu'est-ce que tu veux dire, SuperAiDA ?
Choisis ton avatar, choisis ta mission, et en avant !
Aujourd'hui, tu es plutôt heroic fantasy, dystopie totalitaire ou apocalypse zombie ?
Mais de quoi tu parles ?
Tu fais partie de la famille REAL, tu as accès direct aux niveaux supérieurs.
AiDA, on est où, là ?
Tu as réussi, Hugo. Tu joues maintenant dans la cour des grands.
Non non, laissez-moi sortir !
NON ! PAS PAR LÀ !

Au secours !
Je n'ai plus mes pouvoirs !
AAAAAAAAAAA
Ce jeu n'en finit pas.
Ça devrait s'appeler...
AAAAAAAAAA
La Chute de l'Homme.
DING !
Ouah, quel rêve... Merde !
Je suis en retard.

4. Ceux qui rêvent

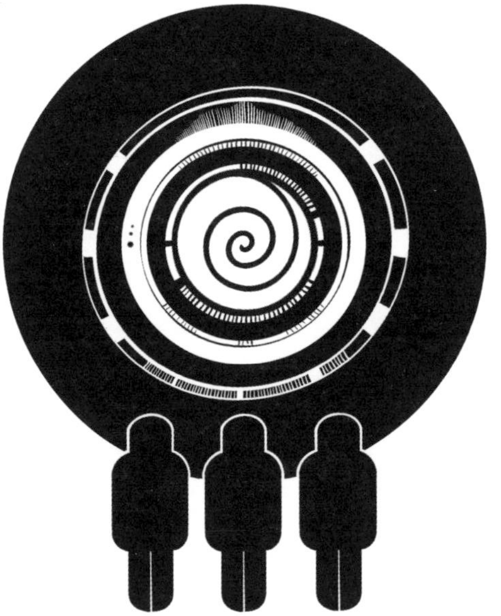

Chaque année, la grand-messe de l'IA, c'est la conférence NeurIPS. Dès qu'ils ouvrent les inscriptions, il faut se précipiter – pire qu'un concert.
C'est ici qu'avec les autres chercheurs, on a commencé à rêver, quand l'IA se faisait dans les universités. Il reste un peu de cet esprit ...
Et si tu ramenais un petit cadeau de Vancouver pour Anna ? Ça fait dix ans que...

Juan ? Ah, OK, je me dirige vers le café !
Et un expresso pour Hugo KLAI-n !
Juan ! Ça me fait super plaisir de te revoir ! Ta dernière app fait un carton, bravo !
Merci ! C'est vrai que ça marche bien – mais, depuis hier, tout le monde ne parle que de ChatGPT...
Ah oui, c'est dingue. Je viens de m'inscrire pour le tester. Les démos chez OpenAI, c'est toujours top !
Tu vas voir, n'importe qui peut s'en servir, plus besoin d'être un geek. Imagine ce que cela ouvre comme perspectives pour l'IA !
C'est facile et même super marrant à utiliser... Au fait, Mathilde te cherchait.
Ah, la voilà !

Quand je vous retrouve, c'est comme au bon vieux temps. J'ai l'impression de redevenir le petit thésard qui ne comprenait rien !
C'est dommage que vous ayez quitté le monde universitaire... Je fais ma conf en plénière dans dix minutes. Vous venez ?
On manquerait ça pour rien au monde ! Juan et moi, nous sommes ton fan club.
Mathilde, une plénière « keynote » à NeurIPS, la star ! Si tu lançais ta startup, je suis sûr que tu récupérerais 30 millions de dollars de Google Ventures en un clin d'œil. Au moins, toi, tu ne proposerais pas un truc trop pipeau ...
Merci Juan, mais la startup, c'est pas mon truc. Si seulement je pouvais récupérer de telles sommes pour mon labo.
Je rêve de lancer des projets à cette échelle.
Eh bien, tu vois qu'on a des rêves en commun !

Blague à part, vous arrivez, vous, à suivre tout ce qui se passe dans le domaine ? C'est dur pour les universitaires de rester à la pointe de la recherche.
Je me bats pour une augmentation du budget fédéral canadien sur l'IA.
Si tous les experts partent dans le privé, qui formera la prochaine génération ?
Et qui se penchera sérieusement sur l'éthique ? C'est notre rôle dans le public… mais on ne fait plus le poids.
Ouais, c'est facile d'être largué. Et peu de gens se posent ces questions de fond.
Aucun chercheur ne peut à lui seul se tenir au courant des avancées du privé. Les boîtes nous financent, nous aussi, mais pas pour penser le long terme.
Ça devient une telle course qu'on perd de vue le sens de ce qu'on fait. Sans compter qu'à ce rythme, la rigueur en prend un coup.
Même dans un monde de requins, c'est pas tenable sur la durée.
Tu crois qu'elle va oser sortir ça à la plénière ?

Comment la science progresse-t-elle et pourquoi ?
L'humanité a toujours essayé d'expliquer le monde : en observant, en cherchant des régularités.
Les prémisses du raisonnement scientifique datent des plus anciennes civilisations.
Il y a plus de trois mille ans, les Babyloniens ont inscrit sur des tablettes d'argile les premiers relevés astronomiques. C'était totalement empirique.
Ce sont des découvertes aux quatre coins du monde qui, au fil des siècles, ont construit le savoir d'aujourd'hui : l'astronomie, la médecine, les maths ou l'ingénierie.
La méthode scientifique elle-même a évolué de façon spectaculaire. Au XVIIe siècle, des savants comme Newton...
... ont commencé à traduire leurs observations en équations mathématiques : la physique est devenue prédictive et pas seulement descriptive. Depuis, la science avance par interaction entre la théorie – avec ses hypothèses et ses prédictions – et l'expérience reproductible, qui la valide.
Et elle continue d'avancer, alors même qu'elle repose sur des théories parfois incompatibles...
... la relativité générale et la mécanique quantique, notamment.

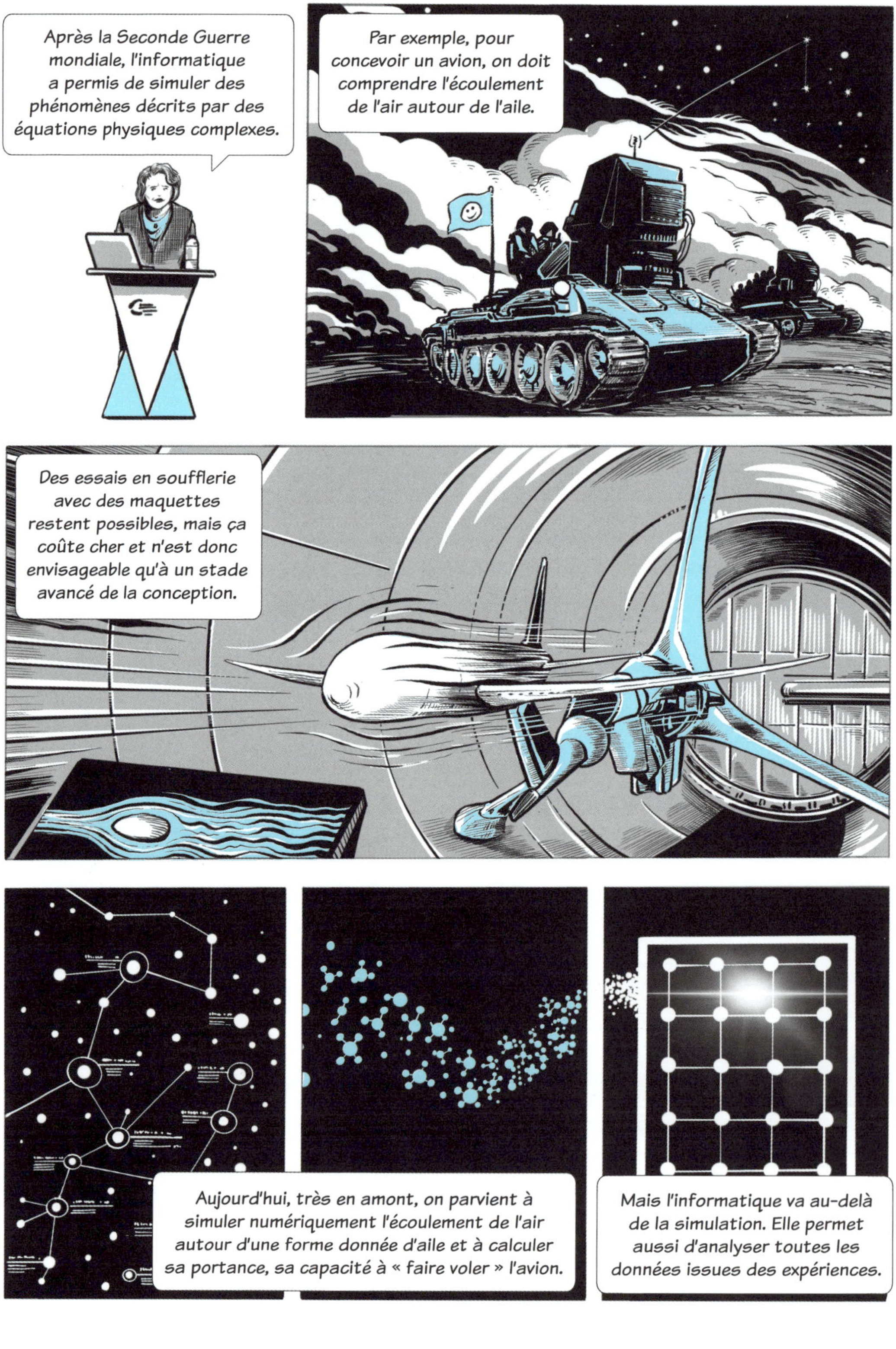
Après la Seconde Guerre mondiale, l'informatique a permis de simuler des phénomènes décrits par des équations physiques complexes.
Par exemple, pour concevoir un avion, on doit comprendre l'écoulement de l'air autour de l'aile.
Des essais en soufflerie avec des maquettes restent possibles, mais ça coûte cher et n'est donc envisageable qu'à un stade avancé de la conception.
Aujourd'hui, très en amont, on parvient à simuler numériquement l'écoulement de l'air autour d'une forme donnée d'aile et à calculer sa portance, sa capacité à « faire voler » l'avion.
Mais l'informatique va au-delà de la simulation. Elle permet aussi d'analyser toutes les données issues des expériences.

Aujourd'hui, grâce à l'IA – et c'est énorme ! –, on peut combiner beaucoup plus rapidement la théorie, le résultat des expériences et les simulations numériques.
Supposons que je veuille fabriquer des panneaux solaires plus performants, plus durables et moins chers.
Cela passe par de nouveaux matériaux. Il y a tellement de composants chimiques et de façons de les combiner que l'espace des possibles est pratiquement infini.
Impensable de tout tester, même pour les ordinateurs les plus puissants.
Je vais utiliser l'IA pour détecter des motifs dans ce qu'on sait sur les matériaux.
Quelques simulations me suffisent, parce que l'IA interpole entre mes observations. L'IA, c'est des statistiques sous stéroïdes !
C'est comme ça que l'IA fournit des résultats inédits : en brassant des jeux de données parfois énormes, issus d'expériences ou de simulations.
L'IA est en train de révolutionner la science. Laissez-moi vous donner un aperçu de ce qu'elle sait déjà faire !
Vous avez probablement entendu parler d'AlphaFold pour les protéines, les éléments constitutifs du vivant. Du point de vue moléculaire, une protéine, c'est une longue chaîne d'acides aminés, parmi 22 possibles.
C'est comme un message dans un alphabet particulier de 22 lettres. Son « sens », c'est-à-dire la façon dont la protéine va interagir avec d'autres molécules, est déterminé par sa structure 3D.
Eh bien, l'IA par « transformer », le même que dans les LLM, identifie la structure 3D de millions de protéines juste par leur composition chimique. Imaginez les perspectives pour la recherche pharmaceutique !

Parlons maintenant de physique des particules. Au CERN, le plus grand labo du monde, ils traitent des quantités de données faramineuses. C'est d'ailleurs là-bas qu'ils ont inventé le Web en 1989. Lorsque des particules entrent en collision, elles se recombinent pour former de nouvelles particules, dont on veut identifier les propriétés. Avec 40 millions de collisions par seconde, la quantité de données générée est phénoménale. L'IA classifie les événements et les trajectoires, trie les données pour ne garder que ce qui est pertinent.
Enfin, pour la météo et la modélisation du climat, on a aussi besoin d'une puissance de calcul gigantesque : les observations proviennent de sources multiples, et les simulations se font à l'échelle planétaire.
Les effets du réchauffement climatique sont bien connus à l'échelle globale, et les tendances peuvent être anticipées.
Cependant, au niveau local, certaines zones restent difficiles à modéliser, à cause d'une géographie complexe ou parce qu'on dispose de moins d'observations. Là encore, l'IA par apprentissage statistique complète le tableau, par exemple pour mieux anticiper les précipitations extrêmes qui sont parfois très circonscrites. De quoi transformer l'agriculture !

Les domaines dans lesquels l'IA fait avancer la recherche sont innombrables, et ce n'est qu'un début. Mais restons lucides : détecter des corrélations dans des données, ce n'est pas expliquer les phénomènes scientifiques.
On ne sait pas précisément comment les modèles d'IA procèdent. Seule notre connaissance des phénomènes nous permet de contrôler la pertinence des résultats issus de ces « boîtes noires ».
Le risque, c'est de devenir paresseux. Avant même les Babyloniens, le moteur du progrès scientifique a toujours été l'intuition.
Est-ce que ces systèmes d'IA libèrent notre intuition, ou est-ce qu'ils la stérilisent ? La question reste ouverte !
Je vous souhaite à tous une excellente conférence !

Les sessions du soir ont quand même apporté une lueur d'espoir. Voilà ce qui me motive : de la bonne science et des applications concrètes.
D'ailleurs, c'était complémentaire avec la partie biologie de ta présentation.
Pourquoi tout ça n'est pas connu du grand public ? C'est quand même plus excitant que les voitures autonomes ou les robots domestiques !
L'IA pourrait débloquer tellement de sujets. Mais on n'entend que quelques superstars ou des milliardaires, chacun prêchant pour sa paroisse.
Les geeks se sont fait hacker par le monde des affaires.

À propos, il faut que je vous avoue quelque chose. À KLAI, on est en pleine négo avec REAL.
Un deal énorme. Qu'est-ce que vous savez sur ces gens-là ?
Ouaouh ! Tu joues gros, là ! Hugo et REAL – je ne le sens pas trop...
PFOUAGH!
C'est bien ce qui me travaille.
Eh bien, je pense que tu devrais y réfléchir à deux fois. Chez REAL, ils ne sont pas clairs.
Ils ont déjà mis le grappin sur deux startups que je connais, pour un paquet de fric. Ils te proposent quoi ?
Rien n'est signé encore. C'est pour leur nouveau jeu, ils ont besoin de nos modèles LLM dans des langues africaines et asiatiques.
Oooh... Tu sais qu'ils opèrent plein de call centers en Asie et en Afrique ? Le truc idéal pour récupérer des dialogues en langues locales, pour gaver ton modèle. Ça doit être ça !
Quoi donc ?

À NeurIPS l'an dernier, l'un des articles primés traitait de l' « alignement ». Dans la foulée, l'auteur principal a lancé sa startup, et REAL est vite devenu son premier gros client.
Ils prennent les LLM de KLAI, et ils les raffinent à partir des conversations chopées dans les call centers avec les techniques d'alignement de cette startup. Malin !
BAI
XYZ
KLAI
... ?
Comme ça, ils ont un LLM surpuissant pour leur jeu « Live Beyond – la vie et au-delà » ! Mais, en fait, ça va beaucoup plus loin...
Je dois filer. C'est la soirée de ma boîte, et mon patron se demande où je suis. Hugo, on se voit demain. À bientôt, Mathilde !
Quel suspense !
De l'apprentissage par alignement ! Ça, c'est nouveau. Mais toi aussi, tu as l'air d'avoir des réticences...
Je vais t'envoyer quelques infos sur REAL. Regarde avant de signer quoi que ce soit.

Qu'est devenu ton rêve, Hugo ? Quand on était étudiants, on s'imaginait à l'aube d'une ère nouvelle. L'IA, pour nous, c'était une fin en soi – on s'intéressait avant tout à la théorie, sans cette obsession pour les applications. On croyait œuvrer pour un monde meilleur, et pas seulement pour du profit…
Avec REAL, on voit bien qu'ils cherchent à tout automatiser, utiliser l'IA pour décider qui aura un emploi, un prêt ou une assurance médicale. Même dans les sites de rencontres, c'est l'IA qui choisit qui tu vas rencontrer, avec qui faire des gosses. C'est ça dont on a besoin ? Dans quoi tu t'aventures, Hugo ?

SUPERHUGO
dans
LA VIE ET AU-DELÀ
Nous sommes en 2030.
L'activité économique débridée a conduit l'humanité au bord de l'extinction. Elle ne survit pas sans ses robots.
Des robots ont construit des villes sous cloche, réservées à une petite élite.
Le reste de l'humanité se bat pour subsister dans la Zone Grise.
Malheureusement, tu es du mauvais côté, Hugo ! Mais la techno que tu as inventée, c'est ton ticket d'entrée pour la Ville Blanche.
Il faut maintenant que tu te mettes en route pour présenter tes recherches à la Conférence FuturElite. Il te reste deux jours.

Ton chemin est semé d'embûches. La zone est peuplée de pirates et de monstres. Ne fais confiance à personne, efface tes traces.
Les REAL.EYES surveillent la Zone Grise. Et attention aux robots tueurs !
N'oublie pas que tu es hors la loi tant que tu n'as pas atteint les portes de la ville.
Attention, Hugo, un drone tueur t'a repéré !
BOOM!
Attaque dans 3... 2... 1...
Voulez-vous continuer ?
OUI, je veux continuer à vivre.
NON, je dois mourir maintenant.

5. Au nom du Rêve

DING ! Et si tu offrais des livres à Anna ?
Ta gueule.

Oui. En Inde, le pouvoir exerce une censure stricte, et en même temps balance plein de fake news. Ils ont une armée de trolls qui diffusent leur propagande haineuse dans les médias sociaux et les boucles WhatsApp.
Ils attisent les tensions communautaires, tandis que les grands médias font caisse de résonance.
La moindre critique du parti au pouvoir est qualifiée d'« anti-nationale ».
Ils ciblent systématiquement les sites de fact-checking, les activistes et les journalistes. Et ils ne manquent pas d'imagination pour fermer des sites Internet.
FARM LAWS
CAA
NRC
Même les auteurs de BD qui postent sur les réseaux sociaux sont dans le collimateur. On ne peut pas se moquer des vaches – soi-disant sacrées ! Ce qui n'empêche pas l'Inde d'être le premier exportateur mondial de bœuf...
HOLY BEEF
INDE
ESTD 1947
La réalité dépasse la fiction de mes BD satiriques et leurs « super-héros » absurdes !
HAHA HAHA
Vous êtes en train de dire que vous devriez forcer le trait pour être vraiment mordant ?
Mon obsession, c'est le contrôle social croissant, que l'IA décuple de façon effrayante. Même la création artistique peut passer sous contrôle.

Ça me fait plaisir de te voir ! Comment ça va? J'ai encore trop parlé, non ?
Mais non, c'était super intéressant ! On se pose au pavillon de l'Inde, ou tu préfères aller...
Dans un bistro dehors ! Sors-moi de ce ramassis de littérature indienne rance.
Pourtant, l'Inde est bien le pays à l'honneur cette année ?
Officiellement, oui. Mais bon, ils ont simplement sorti leur carnet de chèques. C'est pareil dans plein de festivals.
C'est leur stratégie d'influence ?
Manifestement. Ils travaillent leur image de marque, et aussi via les réseaux sociaux. Bien relookée, genre « new India ».

L'autre jour, j'étais chez un ami, et sa fille de trois ans a fondu en larmes devant ma BD.
Pas à cause de mon humour grinçant, mais parce qu'elle croyait avoir affaire à un écran tactile, et ça réagissait pas ! Les livres imprimés – quel truc ringard !
Déjà que l'IA me faisait flipper, mais l'IA générative d'images que tu m'as envoyée... Ouah !
Attends de voir ce qui sort en IA générative de vidéo ! Mais franchement, ce qui va nous faire crever, c'est pas l'intelligence artificielle, c'est la bêtise humaine.
C'est comme le système de recommandation d'Amazon, tu trouves à peu près tout chez eux. Mais imagine que tu achètes une guitare, ils vont essayer de te fourguer des livres sur la musique, des T-shirts, des jeux, ou Dieu sait quoi.
Ah, ça me soûle ! Et c'est toujours les mêmes qui se font avoir.
Et vas-y avec les robots tueurs, la désinformation, la surveillance généralisée, les menaces sur les libertés publiques... Et qu'est-ce qu'on te promet en échange ? Des moteurs de recommandations nazes et quoi d'autre ? Des voitures autonomes ?
Ça, c'est un vrai flop.

Et cette rengaine que l'IA va prendre le pouvoir sur nous – la « singularité », l'IA forte –, qu'est-ce que t'en penses ?
Pour l'instant, pas grand-chose. C'est pas avec la techno actuelle qu'on construira une IA avec des capacités cognitives surhumaines. Mais dans la Silicon Valley, ils fantasment dur ! La vraie question n'est pas de savoir s'il y a des « étincelles d'intelligence » dans ChatGPT, mais de trouver à quoi peut nous servir l'IA, concrètement.
Il y a quand même de plus en plus de tâches qui sont maintenant assistées, voire entièrement réalisées par l'IA !
Mais, Hugo, tu te rends compte du nombre d'emplois qui vont disparaître ? On court à la guerre civile ! Ça ouvre un boulevard aux régimes autoritaires !
C'est un scénario qu'on ne peut pas écarter, il y a déjà des conséquences sur l'emploi. Et pas seulement pour les jobs en bas de l'échelle, pas seulement dans les « pays du Sud ».
Partout, le pouvoir est aux mains d'une élite, même si les formes varient selon les pays. L'avenir s'annonce quand même sacrément dystopique. Tiens, par exemple, The Line en Arabie Saoudite…

Les artistes se demandent comment l'IA va transformer leur pratique. Tout le monde s'enthousiasme, mais sans aller au fond des choses.
On se rassure en se disant qu'il s'agit seulement d'outils et que le geste artistique consiste maintenant à créer des prompts pour Midjourney ou Stable Diffusion. Mais est-ce qu'on n'est pas en train de se saborder ? Aujourd'hui, c'est en postant ton travail sur les réseaux sociaux que tu perces en tant qu'artiste. Autant d'images qui servent finalement à entrainer des IA !
Ces modèles d'IA ont besoin de milliards d'images avec leurs légendes. C'est comme ça qu'ils prédisent des motifs de pixels associés à un texte : donne-moi le bon prompt et je te fais un Goya ou un Dali.
Ça revient à décomposer toutes ces images puis à les recombiner pixel à pixel. Peu importe les images utilisées, pourvu que ce soit accessible, ça peut être mes dessins ou ceux de Goya. Y'a comme un problème, non ?
Il faut garder en tête que l'IA reproduit, elle ne crée rien.

La question du plagiat n'est évidemment pas une nouveauté. Les artistes sont influencés par quantité de choses, et leurs œuvres évoquent souvent d'autres œuvres bien connues - ou les recyclent carrément. Mais c'est explicite.
L'IA, elle, ingère vos œuvres en silence. Elle pourra dessiner comme toi si je lui fournis suffisamment d'exemples. C'est ça que l'artiste Rutkowski a fait valoir devant la justice : on lui volait son style.
Les boîtes de prod poussent leurs artistes à entraîner des IA qui vont les remplacer à terme. J'ai plein d'amis qui utilisent l'IA pour écrire leurs scénarios et ou pour faire des pubs. J'imagine qu'il y aura bientôt des flopées d'artistes au rencard. J'espère qu'au moins ça va leur inspirer des créations plus audacieuses !
SOMA...
Mais ça va encore plus loin : on voit déjà sortir des faux tubes de vrais musiciens, et des livres entièrement artificiels. La prochaine étape : des films intégralement fabriqués par l'IA. Et les nouvelles stars, ce sera Gérard Pacino et Al Depardieu peut-être ?
Et moi qui croyais qu'on avait touché le fond avec tous ces trucs débiles que tu vois sur les réseaux sociaux. Mais là on passe dans une autre dimension, une vraie tour de Babel qui va nous farcir la tête de bazar, impossible de trier le vrai du faux. Heureux les simples d'esprit... version Huxley dans *Le Meilleur des Mondes* !

Je suis en train de discuter un contrat avec REAL.E – tu sais, le...
Ah, j'allais justement te titiller sur l'immortalité. REAL.E et toi ? J'y crois pas !
Je ne sais pas si je dois y aller. Ils branchent une sorte de ChatGPT sur ton avatar : plus tu joues, plus il apprend à te ressembler. Mais leur projet « la vie et au-delà » est fumeux, ils prétendent télécharger ton cerveau sur un serveur. Et un jour – si la technologie suit –, hop, tu revis !
Bien sûr que c'est une arnaque, mais l'immortalité, c'est vendeur !
Le rêve ultime de la science-fiction... et de ceux qui cherchent à faire du fric.
Mathilde dit que l'étape d'après, c'est des IA capables de planifier et de raisonner. Ça permettrait de piloter toute une boîte – et zou, on vire tout le monde, même les dirigeants.
C'est le genre de truc que REAL serait capable d'avoir dans le viseur, sous couvert de leur jeu moisi.
Ouaouh. Diriger une boîte !

Fais gaffe, Hugo. REAL, c'est du lourd. Ils sont capables d'influencer l'opinion publique où ils veulent, de faire basculer des élections, d'étouffer les voix dissidentes.
En Inde, ils ont lancé un « package Internet » dans les régions rurales.
Ton forfait te donne juste accès à une sélection de sites sous leur contrôle. Actu, divertissement, alimentation, santé... tout ce qu'il faut !
Mais tu as droit au meilleur de la propagande gouvernementale et des entreprises « partenaires » ! Ils te bourrent le mou, quitte à réécrire l'Histoire.
L'IA, pour eux, c'est un moyen de faire davantage de profit. Tu devrais te méfier.
C'est sûr, j'ai pas envie que ma boîte se développe sur des trucs aussi glauques.

Un de mes amis pense qu'on devrait utiliser l'IA pour éliminer les jobs de merde, genre nettoyer les égouts. Chez nous, ça revient toujours aux castes les plus basses.
Ta caste prédétermine les emplois que tu peux occuper...
... et si l'IA détruit ce type de jobs, peut-être que le système de caste aussi va s'écrouler.
Ah, c'est intéressant comme point de vue !
Mais l'IA hérite de nos préjugés sur le genre, la caste, l'origine, la religion, la langue...
Elle reproduit les biais implicitement contenus dans les données d'entraînement. Si, dans les données RH d'une entreprise, aucun employé n'est issu des castes inféreures, l'IA va interpréter cela comme une règle de recrutement. C'est vraiment difficile de concevoir une IA non biaisée.
En supposant qu'il y ait une réelle volonté de se débarrasser des biais ! On ne change pas une équipe qui gagne... du fric ou des élections.
BAR
C'est clair que la technique en IA va beaucoup plus vite que la réflexion sur les questions que ça pose à la société.

Regarde le coût énergétique de cette merveilleuse IA. C'est plus la même échelle : on a besoin d'un supercalculateur pour entraîner des LLM comme GPT-3 ou ChatGPT. L'entraînement d'un seul modèle, c'est 1 300 MWh d'électricité pour alimenter le supercalculateur...
... soit la consommation électrique annuelle de 200 foyers européens ! Et encore, c'est compter sans les études préliminaires de R&D ni les ressources nécessaires à la fabrication des équipements. On fait des modèles de plus en plus gros, en espérant trouver la technologie qui nous sauvera avant que nous ne soyons à court de ressources.
Mais l'entraînement, c'est que la partie émergée de l'iceberg. L'utilisation pèse maintenant beaucoup plus. ChatGPT a attiré plus d'un million d'utilisateurs en quatre jours, 100 millions en un mois ! Demain, ce sera des milliards !
Évaluer précisément l'empreinte carbone des LLM reste très complexe, mais leur impact n'est sûrement pas anecdotique. Et comme par hasard, les modèles les plus puissants sont les moins transparents : impossible de connaître leur consommation d'énergie.

Le changement climatique, ils en ont entendu parler, ces gens ?
L'environnement, les forêts...
Et ralentir, c'est pas une option ?
Ralentir ? Tu es bien dans ta bulle d'artiste, toi ! Je ne vois pas ce qui nous pousserait à ralentir, hormis une catastrophe... et j'espère qu'on n'en arrivera pas là ! Après, l'IA va aussi contribuer à la transition énergétique, en optimisant la consommation des transports, de l'agriculture, des bâtiments, des réseaux...
On pourrait limiter l'utilisation des gros modèles d'IA à l'entraînement de petits modèles spécialisés, moins gourmands, qui, eux, seraient accessibles au grand public.
Et puis les fabricants proposent déjà de processeurs très basse consommation optimisés pour ces modèles.
Mais sur le fond tu as raison, Ayyo, avec la technologie actuelle, on ne va pas pouvoir soutenir longtemps un tel rythme de croissance.

Mes potes dans l'informatique ne se préoccupent pas de la dépense énergétique. Personne, en fait.
Toujours ce techno-solutionnisme. C'est bien d'améliorer l'efficacité énergétique, mais comme on utilise les technologies à plus large échelle...
Finalement, y a que le fric qui compte. Ils sont loin d'être stupides, ça les arrange bien de prétendre que c'est complexe de mesurer l'impact climatique de leur IA.
Typique du monde des affaires. Mais bon, il faut être honnête, on a tous notre part de responsabilité, à ne pas lâcher notre smartphone, à garder nos petites habitudes.
90%
Eh bien, moi, je serais prêt à changer mes habitudes. Mais comme je vis de la pub, ça serait quand même un peu faux cul.
Cela me rappelle quand Twitter a décidé qu'il suffisait de payer pour certifier des comptes. Plein de faux comptes sont apparus, comme celui qui se faisait passer pour une grande firme pharmaceutique et qui a annoncé la gratuité de l'insuline pour le bien de l'humanité !
$
Le cours en bourse a immédiatement plongé. Dans le fond, tout le monde trouve que c'est une bonne idée, mais personne ne veut payer.

Bon, imagine-toi maintenant dans le jeu REAL.E. Tu y passes des heures, tu y laisses plein de données perso, tu discutes avec tes amis qui jouent aussi.
Mais es-tu bien certain que ce sont tes amis qui causent avec toi, et pas leurs avatars ?
55
78
#
Ben oui, et si, tout ce temps, tu n'avais parlé qu'avec des IA ? Ces trucs sympas et marrants que tes potes t'ont racontés, du fake ! Y compris les magnifiques photos d'endroits où ils ne sont pas allés.
Si l'IA est capable de tout inventer, qu'est-ce qui vient vraiment des gens ? Ils pourraient même être morts...
D'ailleurs, REAL.E avait proposé une IA qui s'ingéniait à ajouter du contenu sur ton profil en ligne après ta mort.
Comme elle avait appris ta façon de t'exprimer, elle pouvait continuer pour l'éternité : « Ceux qui vous aiment ne vous quittent jamais », disait la pub... Ben, ça a été un flop !
HAH HA HA

Mec, on devrait en faire une bande dessinée ! On raconterait ce qui se passe en IA, comment ça marche... il faut que les gens se posent des questions. Tu m'expliques la tech et je te propose une histoire !
Mmmm... mouais, c'est une idée, Ayyo. Bonne nuit.
SUPERHUGO

6. Qui surveille les rêves ?

SUPERHUGO
et
LE MESSAGER
On est où, là ?
?
Tu es dans le jeu.
Le grand jeu de la vie.
Mais qui es-tu vraiment ?
Je suis SuperHugo.
En es-tu bien sûr ?
Moi aussi, je suis SuperHugo. Un peu plus vieux.

Tu es donc moi dans le futur !
Oui. Je suis venu t'éclairer.
Un destin fabuleux s'ouvre à toi.
C'est le moment de décider.
Vraiment ?
Voilà comment me contacter.
J'espère que tu viendras me voir dans le futur.
Saisis ta chance, Hugo.
Ouah...

DING ! Message de Gerard. Bonjour, Hugo !
Tout le monde ne parle que de ChatGPT. Je t'envoie quelques liens, ça inclut des rumeurs sur ce que contiendra GPT-4.
Je n'ai pas eu le temps de me poser pour réfléchir depuis que REAL.E m'a contacté. Enfin un moment de calme. C'est le jour idéal pour...
Hugo ?
Euh... oui ?

Hugo Klein ?... vous étiez à Normale Sup, n'est-ce pas ?
Euh... oui. Vous aussi ?
Nous avons des amis communs.
Est-ce qu'on peut prendre un café, Hugo ?
Accordez-moi dix minutes et je vous promets qu'après je vous laisserai tranquille.
BOULANGER
Deux cafés s'il vous plaît.
Je m'appelle Helena. Merci d'accepter de m'écouter.
Je fais partie d'une organisation internationale qui milite pour une IA responsable.

Nous venons de milieux très variés, liés à l'IA ou non. Ce qui nous rassemble, c'est de vouloir protéger l'avenir de nos enfants. Certains de vos amis nous ont conseillé de vous contacter.
Depuis un an, nous surveillons de près l'essor spectaculaire de REAL – leurs moyens semblent illimités.
Nous savons qu'ils ont contacté des startups comme la vôtre, pour leur nouveau jeu.
Le problème, c'est que ce jeu, c'est juste une façade.

C'est moi qui règle, à charge de revanche.
Vous imaginez bien qu'une automatisation massive et soudaine pourrait semer le chaos un peu partout dans le monde. Certains voient déjà comment en profiter et se faire beaucoup d'argent. Comme par hasard, on les retrouve parmi les actionnaires de REAL.
Leur but, c'est d'influencer l'opinion par tous les moyens, quitte à renverser des gouvernements pour concentrer un peu plus le pouvoir entre leurs mains.
BOULA
L'IA fournit une boîte à outils idéale en termes de surveillance généralisée et de propagande.
On n'y est pas encore, bien sûr, mais ce n'est plus tout à fait de la science-fiction. Vous ne pouvez pas fermer les yeux là-dessus.

Dans le jeu de REAL.E, votre avatar évolue dans un univers sans foi ni loi, et qui pourtant reflète étrangement le nôtre. Vous êtes incité à tricher, voler, trahir… tout pour gagner. Les avatars fonctionnent 24h sur 24, l'IA continue à les animer quand vous ne jouez pas. C'est tellement bien fait qu'au bout d'un certain temps d'apprentissage, impossible de savoir si vous interagissez avec une vraie personne ou l'IA.
Pour gagner l' « immortalité », le jeu vous force à échanger des données : les vôtres, celles que vous avez hackées… peu importe. C'est comme un dark web de la donnée personnelle.
REAL·E
REAL construit un gigantesque data center, on ne sait pas encore où. Mais il y a pire.

REAL promeut activement sa solution IA REAL.Biz, qui automatise le pilotage d'organisations complexes. Ça commence à être utilisé par pas mal de multinationales.
Et ils s'attaquent maintenant au marché des États, sous couvert d'optimiser la bonne marche des affaires courantes.
Biz
$€¥₹£
C'est un cheval de Troie. Nous avons de bonnes raisons de penser qu'à terme, REAL a pour véritable objectif de construire des outils pour contrôler entièrement des États.
Le contrôle total de pays ? C'est délirant...
C'est pour ça qu'ils sont si actifs en Afrique. L'Ouganda vient de signer le premier partenariat avec REAL pour « fluidifier les services administratifs, et éradiquer la corruption ».
Mais, selon nos informateurs, ce serait le premier gros test.
Ils travaillent à des modèles beaucoup plus puissants, capables de croiser toutes les données d'un pays : les flux financiers, les échanges commerciaux, la géopolitique, la sécurité sociale, le fisc, etc.
Dans les mains de certains dirigeants, c'est la garantie d'un mandat à vie. Et évidemment se greffe dessus...
... tout le gratin des entreprises de défense ou de cybersécurité.

Maintenant, vous voyez bien ce qui est en jeu : ce sont nos valeurs démocratiques. Tout cela est pensé pour une prise de pouvoir dictatoriale par des intérêts privés… pour organiser la faillite des États.
Je ne parle même pas de la façon pernicieuse dont les entreprises vont exploiter cette techno pour se faire du fric sur notre dos.
Nos sources ont été finement recoupées. Je viens de vous envoyer un mémo avec tout ce qu'on a, à vous de vous faire une opinion.
On s'adresse à vous pour que vous preniez vos responsabilités. Il s'agit de choisir entre les valeurs démocratiques et le profit.
Ne vous méprenez pas : nous ne sommes pas contre l'IA en général, mais il y a clairement de meilleures façons de l'utiliser que ce que propose REAL. Je ne doute pas que vous partagiez cette opinion.

On est noyé sous l'information.
Les ressources mondiales s'épuisent.
REAL·E
L'accélération de la technologie est proprement vertigineuse.
KLAI
Et maintenant, des multinationales se mêlent de faire tourner des pays entiers !

Hé, mais tu rentres tôt – qu'est-ce qu'il y a ? Ça va ?
Euh. Je... Je crois que je vais télétravailler.

SUPERHUGO
dans
LE DÉLUGE DE DONNÉES
Les nuages de données sont de retour, encore plus gros et sur le point d'éclater ! SuperAiDA, vite une mise à jour !
Ca s'annonce mal, Hugo. Le déluge de données a saturé la plupart des voies de communication.
Et ça continue de grossir.
Il faut contenir ça à la source ! D'où ça vient ?
De partout !
L'IA génère tant de contenu que certaines villes en Asie sont déjà complètement submergées.
Un torrent continu de fausses informations déferle sur New Delhi, et a déjà englouti Hong Kong.

Il n'y a plus qu'un moyen : des garde-fous et de la régulation. Mais je ne peux pas mettre ça en place tout seul. J'ai besoin d'aide.
On peut y arriver, Hugo ! Si on s'organise bien et qu'on mobilise des ressources.
Carlo ! Qu'est ce que tu fais là ?
Milena m'a dit que tu pourrais avoir besoin d'aide.
Filons d'ici avant d'être bloqués.
C'est dangereux de ne plus voir le monde qu'à travers les données.

7. Cherche dans tes rêves

SUPERHUGO
Federico a besoin qu'on fasse le point sur le projet New Bank of Europe.
Tu as reçu neuf e-mails : quatre spams déjà à la poubelle, trois demandes de prospects…
un message de Mathilde et un de Gerard à REAL.
Ah, il dit quoi, lui ?
Il veut savoir où tu en es sur la version du contrat envoyée hier, avec les langues additionnelles.
Il est prêt à en discuter quand tu veux.
Il a trouvé très constructifs ses échanges avec le board de KLAI…
… et envisage déjà plein de projets communs.
Il dit que Jacques Legrand pousse à la vente de KLAI et veut connaître ton prix.

Kripp, le big boss de chez REAL, met la pression pour aller vite. Tu le connais, il pousse pour un calendrier de déploiement hyper serré.
DING ! nouveau mail !
Ça dit quoi ?
Félicitations, Hugo ! Les membres externes du board de KLAI ont donné leur feu vert à l'accord avec REAL.E.
Ok.
« Un contrat avec REAL.E est une occasion exceptionnelle pour KLAI. »
« KLAI peut s'enorgueillir de fournir l'une des briques techniques du nouveau jeu de REAL.E. Le reste n'est que spéculation. »
« Votre responsabilité est purement technique. »
Mais à qui tu as parlé, AiDA ?
Que dirais-tu d'un casque de VR REAL.E comme cadeau pour Anna ? Elle aussi fait partie de la famille REAL !

Salut, Hugo, tu as fait la fête cette nuit ? Un café ?
Oui, merci. Si seulement j'avais fait la fête ...
Milena dit qu'on devrait décaler le projet de la banque. Priorité à REAL.E.
Oui, oui, on reporte de deux semaines.
Hugo, Gerard m'a envoyé un message et insiste sur les trois nouvelles langues. Il y a pas mal d'argent à la clé.
On se calme. Je ne me suis pas encore engagé.
Ben pourquoi on n'irait pas ? La clause d'exclusivité nous limite sur quelques langues rares, mais on garde les coudées franches avec nos clients actuels.
Ça va nous booster sur l'alignement, on va améliorer tous nos produits...
On n'a pas le choix, non ?
Non, pas vraiment.

Les LLM tels que le GPT-3 sont conçus uniquement pour prédire du texte.
Ils sont entraînés sur d'énormes corpus de textes non qualifiés. Quelle que soit la source, chaque texte compte pareil.
Un post sur Internet « vaut » autant qu'un article d'encyclopédie, ou les paroles d'une chanson.
On raffine alors le modèle pour qu'il réponde plus précisément à ce que les utilisateurs sont susceptibles de lui demander…
en l'alimentant avec un jeu d'instructions courantes. C'est ça, l' « alignement ».
Il reste que certaines réponses peuvent être biaisées, voire carrément injurieuses ou obscènes.
Telle qu'elle est conçue, la machine n'a aucune « conscience » de ces écueils. C'est là qu'on a besoin de faire intervenir de vraies personnes…
… afin de qualifier ce que produit le LLM et de l'améliorer. Ça s'appelle l' « apprentissage par renforcement sur évaluations humaines ».

C'est le même principe que les techniques d' « apprentissage par renforcement », qui ont permis aux ordinateurs de battre les humains à certains jeux.
Aux échecs ou au go, l'ordinateur simule des millions de parties...
puis analyse les coups qui aboutissent à des positions estimées plus ou moins favorables.
Il adapte sa stratégie de jeu en maximisant la possibilité de gain.
Mais, dans un LLM, aucune mesure objectives des gains. C'est seulement l'évaluation humaine qui juge si une réponse du modèle est meilleure qu'une autre.
Même une simple série de « j'aime / j'aime pas » fournit déjà de quoi améliorer significativement un modèle par renforcement.

Il faut donc payer plein de gens pour évaluer les sorties du modèle, lui dire comment bien répondre et identifier ce qui est toxique.
...
Le problème, c'est qu'une surexposition à des contenus extrêmement toxiques s'avère traumatisante pour ces travailleurs – c'est d'ailleurs pas nouveau dans la tech.
!!
Pourtant, ce rôle d'annotateur est indispensable pour autoriser l'utilisation de ces modèles par le grand public.
Pour arriver à un truc comme ChatGPT, il faut : un LLM pre-entraîné + un jeu d'instructions pour l'alignement + beaucoup d'interactions humaines + de l'apprentissage par renforcement avec des petites mains + un supercalculateur !

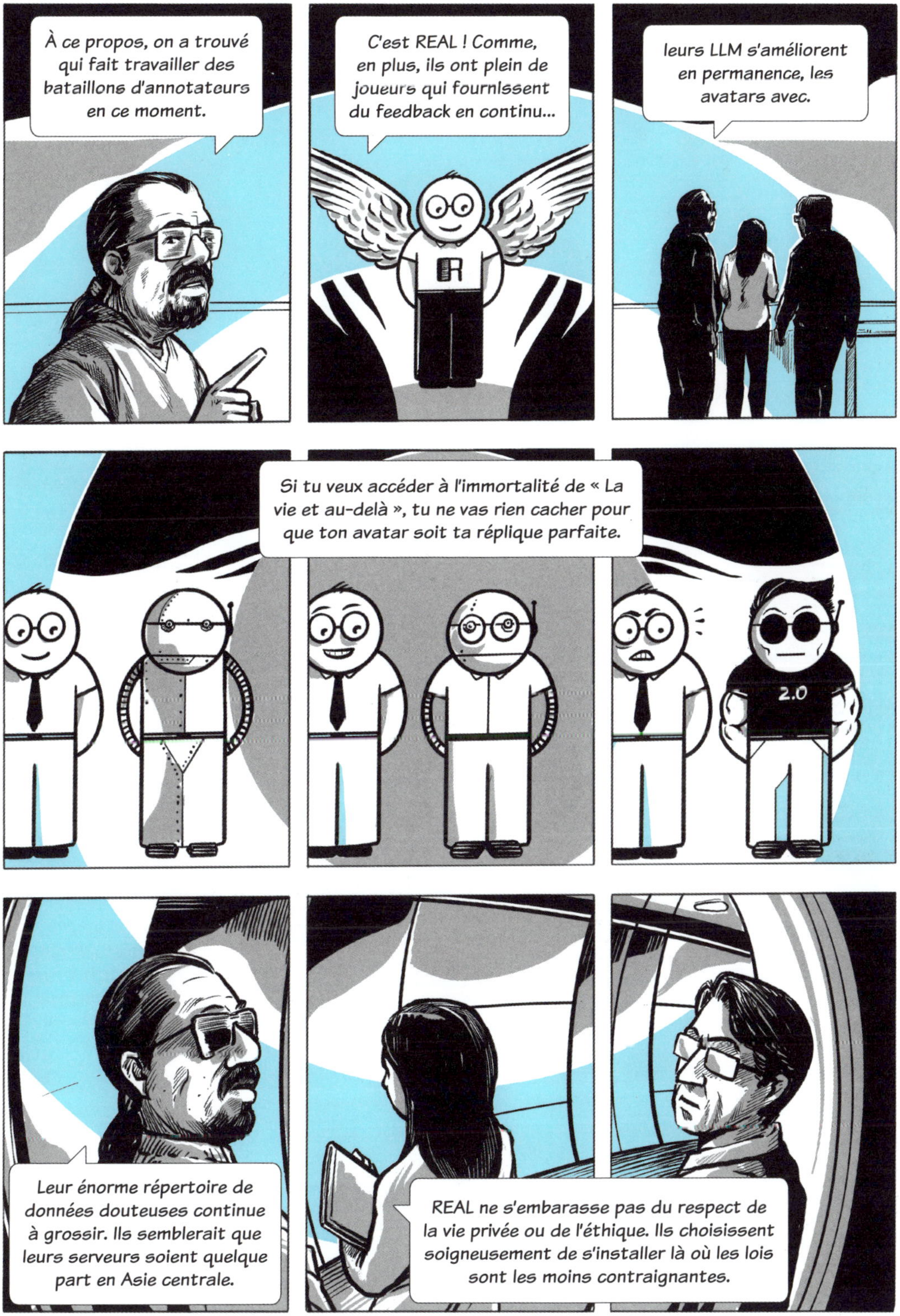
À ce propos, on a trouvé qui fait travailler des bataillons d'annotateurs en ce moment.
C'est REAL ! Comme, en plus, ils ont plein de joueurs qui fournissent du feedback en continu...
leurs LLM s'améliorent en permanence, les avatars avec.
Si tu veux accéder à l'immortalité de « La vie et au-delà », tu ne vas rien cacher pour que ton avatar soit ta réplique parfaite.
2.0
Leur énorme répertoire de données douteuses continue à grossir. Ils semblerait que leurs serveurs soient quelque part en Asie centrale.
REAL ne s'embarasse pas du respect de la vie privée ou de l'éthique. Ils choisissent soigneusement de s'installer là où les lois sont les moins contraignantes.

Tu crois qu'ils pourraient utiliser notre techno pour quelque chose d'éthiquement discutable ? Risqué pour notre image de marque.
Bah, bien sûr qu'il y a moyen, mais il faudrait qu'ils la combinent avec plein d'autres choses. Nous, on est juste un rouage.
Mouais... Enfin, tout ça, c'est des élucubrations, Federico. Notre responsabilité s'arrête quand on livre au client, et, en l'occurrence, ce client, c'est pas le premier venu.
J'ai vraiment l'impression qu'il y a un truc louche, Milena. Faut creuser.
Moi, je vois ça comme notre ticket pour une levée de fonds série A. Hugo, qu'est-ce que tu en dis ?
Regardez plutôt ce que je reçois.
REAL annonce la construction d'un supercalculateur ... au Turkménistan ! Ils disent que c'est pour leurs clients d'Asie, du Moyen-Orient et d'Afrique.
Relié à une nouvelle infrastructure chinoise de dorsale Internet : les nouvelles Routes de la Soie sont numériques !
REAL

La première phase sera opérationnelle dans moins de six mois.
Elle comprend plus de 15 000 GPU H100 de dernière génération, portée à 40 000 dans deux ans, avec une interconnexion ultrarapide entre les nœuds de calcul.
Ouah, pile ce qu'il faut pour entraîner un méga LLM ! Ils vont cartonner dans le #Top500 des supercalculateurs.
Mais pourquoi s'installer là-bas ?
« Cette initiative REAL.green sera alimentée par une centrale solaire géante bénéficiant de plus de 300 jours d'ensoleillement par an... »
Tu parles... C'est surtout un pays où le copyright est accommodant ! Je parie qu'ils sont même subventionnés, vu que l'électricité est déjà pratiquement gratuite.
Une telle bestiole, ça a besoin d'une sacrée puissance, autant que toute une petite ville. Ça me semble aussi « vert » qu'un chalutier russe.

« Le P-DG de REAL, le milliardaire Kripp, a déclaré que son objectif était également de proposer des emplois à la population locale, durement touchée par le changement climatique. »
« Nous construirons des logements pour tous nos employés, de haute qualité environnementale... »
REAL
Bon, qu'est ce qu'on fait, nous ? J'ai l'accord de mon board pour le partenariat avec REAL.E.
Mais je ne suis toujours pas à l'aise. Et ce supercalculateur, pourquoi ils ne nous en ont pas parlé ?
Faut faire ce qui est bien pour KLAI.
Oui. Et pour le monde dans lequel nous vivons.
J'ai des infos de plusieurs sources convergentes. Ils sont sur un truc énorme, bien au-delà du jeu. Si ça se concrétisait et que KLAI y était mêlé, ça pourrait porter un sacré coup à notre réputation.

Quand tu veux pour en rediscuter, Hugo. Tu sais que KLAI, c'est aussi un peu notre bébé, et on fera au mieux de ses intérêts.
Mais on a une échéance qui arrive.
Hugo, Mathilde m'a aussi envoyé un courrier.
Ah...
Tu m'as envoyé quelque chose hier soir ?
Non, pourquoi ?
J'ai cru voir un mail et j'ai cliqué dessus. Le téléphone a redémarré à ce moment-là, et le message n'était plus là.
Je vais creuser. Peut-être une mise à jour à effectuer.
Tu sais... c'est important pour moi ce que tu penses, je respecte profondément ton jugement.
Il faudrait peut-être que je sois un peu plus cynique, non ?
Bah, ça reste à prouver.
Mais souviens-toi de ce qui nous animait au tout début.

8. La substance des rêves

Bonjour, Hugo. Je suis en train de faire une sauvegarde de toutes nos données.
Mais Federico l'a déjà fait !
Oui, mais je fais ça mieux. Et d'ailleurs, Federico n'est plus là.
Il est où, Federico ? Pourquoi tu te mets à parler comme le vieux robot HAL ?

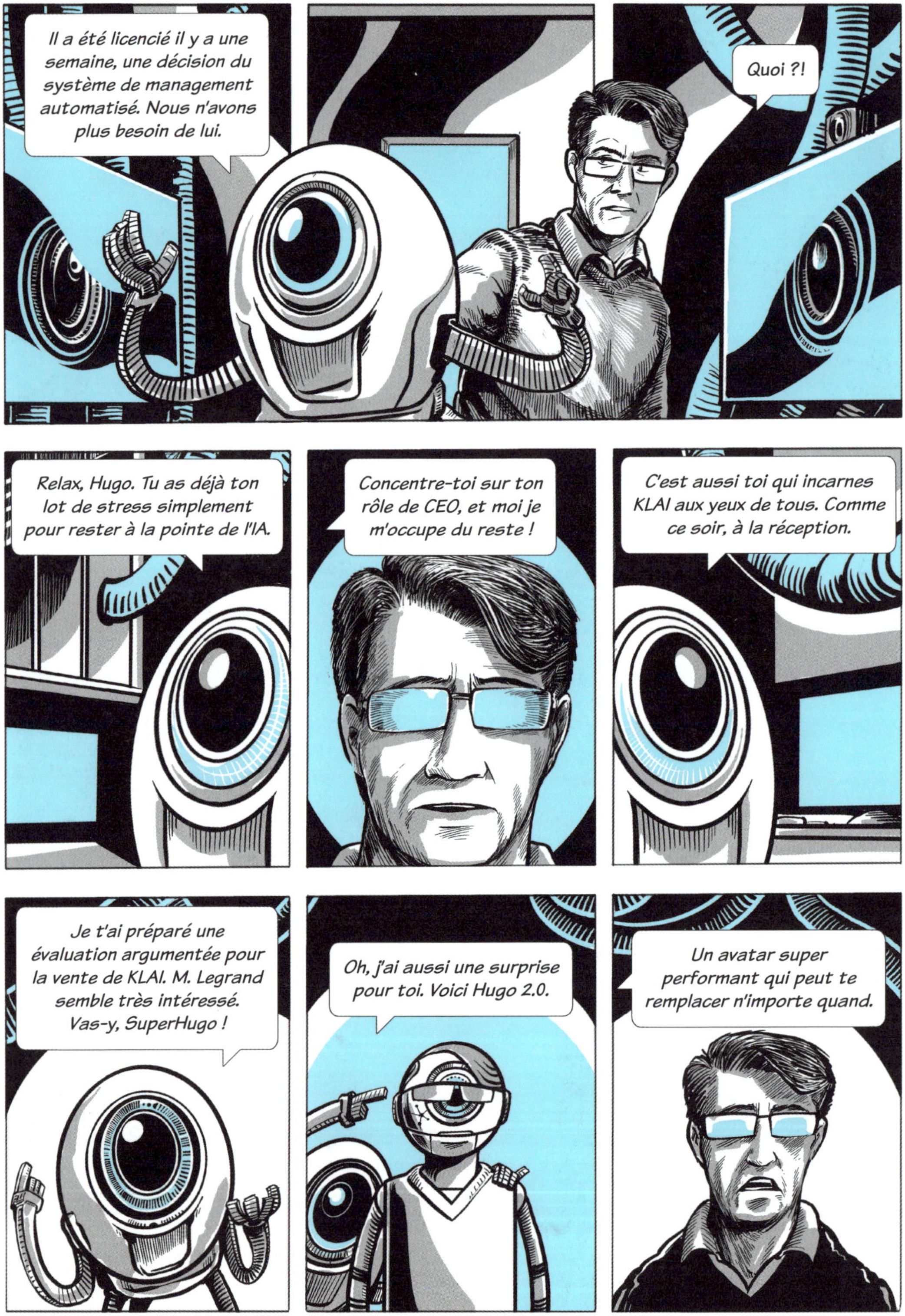
Il a été licencié il y a une semaine, une décision du système de management automatisé. Nous n'avons plus besoin de lui.
Quoi ?!
Relax, Hugo. Tu as déjà ton lot de stress simplement pour rester à la pointe de l'IA.
Concentre-toi sur ton rôle de CEO, et moi je m'occupe du reste !
C'est aussi toi qui incarnes KLAI aux yeux de tous. Comme ce soir, à la réception.
Je t'ai préparé une évaluation argumentée pour la vente de KLAI. M. Legrand semble très intéressé. Vas-y, SuperHugo !
Oh, j'ai aussi une surprise pour toi. Voici Hugo 2.0.
Un avatar super performant qui peut te remplacer n'importe quand.

Hey, Hugo, on dirait que REAL.E est en train de te sucer la moelle !
C'est presque ça. Je viens de rêver que ma propre IA s'en prenait à moi.
Ah, tu deviens aussi parano que moi ! Je cherche des idées pour notre bouquin.
« Eux et nous. Les premiers de cordée et ceux qui ne sont rien. 1 ou 0. Un monde binaire. »
En pleine dystopie, c'est ça ?
En plein cauchemar, oui ! Je rame avec le scénario :
l'homme contre la machine...
les masses exploitées qui luttent contre une élite protégée par des armées de robots... on a vu ça mille fois.
Au fait, tu l'as signé, ton contrat ?

Non. Pas encore. Mais, Ayyo, quitte à imaginer des multinationales dirigées par l'IA, ça pourrait aussi bien être des pays entiers. Un rêve d'autocrates, non ?
Hugo, tu es génial ! C'est comme ça qu'on va la raconter, l'histoire !
Malheureusement, il n'est pas exclu qu'on y arrive un jour.
Avec ton livre, on pourrait au moins essayer de réveiller les consciences.
Ouah, c'est flippant – mais on tient notre scénario ! Quand est-ce qu'on s'y met ?
En ce moment, je cherche à y voir clair sur REAL. Laisse-moi deux jours.
Ça m'a fait réfléchir quand tu m'as parlé de ces avocats et de ces activistes qui ont été espionnés par Pegasus.
Ça fait peur, oui. Ils arrivent à espionner une organisation entière en planquant un spyware dans un seul mail anodin.
Et une fois installé, c'est quasi impossible à détecter.
Tout cela soi-disant pour nous protéger !

Depuis l'affaire Snowden en 2013, les journalistes ont révélé de multiples cas de surveillance d'État : des entreprises et des citoyens ordinaires espionnés en masse !
Les possibilités de surveillance ont atteint des dimensions inédites avec le Big Data. Post-11 Septembre, la « sécurité nationale » est devenue un prétexte commode pour contourner les lois...
FREEDOM
... et espionner n'importe qui via son téléphone, son historique Internet ou ses données de géolocalisation.
C'est dingue ce que Snowden a pu sortir alors qu'il ne travaillait que pour un sous-traitant ! Quand on pense que Cambridge Analytica a cherché à influencer les élections américaines et que Pegasus peut tous nous cibler, on a du souci à se faire.
La devise de Pegasus, c'est : « Vos données révèlent tout de vous ». Au moins, seuls les gouvernements peuvent acheter Pegasus !
Et certains États ne s'en privent pas, même s'ils disent tous le contraire.

Alors, imagine un peu, une fois ces dispositifs dopés à l'IA générative. On ne va plus se contenter de surveiller, on va véritablement influencer et façonner les comportements, à grande échelle.
À coups d'images deep fakes, et bientôt de vidéos.
Oui. Mais ça va plus loin. L'IA génère du code informatique, et je trouve ça très inquiétant. Les logiciels tels que Pegasus sont très sophistiqués : pour les créer, il a fallu réunir des experts super pointus en cybersécurité.
Mais aujourd'hui, pour obtenir un virus informatique ou un logiciel espion, il suffit de donner le bon prompt à ton LLM. Il sait aussi passer les données au crible bien plus efficacement.
Et il ratisse beaucoup plus large, en prenant en compte non seulement des mots-clés, mais les mots sémantiquement connexes. Par exemple, il va associer des mentions sur l'Inde à celles concernant la ville de Mumbai.
Ouah ! Et la réglementation, alors ?
Il est de fait possible d'instaurer des contrôles, mais la machine saura trouver les failles. Les mêmes techniques servent à la cybersécurité et au cyberespionnage. Et maintenant que l'IA peut s'améliorer elle-même... qui contrôle quoi ?
Hugo ! Tu es encore là ? C'est l'heure de partir pour la réception !

Ouf ! Juste à temps pour l'intervention de Jacques.
En quelques mois, les choses se sont accélérées à une vitesse sidérale, et ce, grâce à nos efforts conjoints. Certaines des entreprises de notre portefeuille sont sur le point de clore d'importantes levées des fonds, sur des valorisations inédites.
Nous avons toujours su attirer des scientifiques de haut vol, et nos entrepreneurs sont aujourd'hui tout aussi brillants. Une combinaison judicieuse de fonds publics et privés fait de l'Europe le nouvel acteur central de l'innovation en matière d'IA !
J'ai l'intime conviction que dans cette audience se trouvent des pionniers dont les initiatives auront un impact majeur sur nos sociétés. Mesdames et Messieurs, je vous remercie de m'avoir écouté, excellente soirée.

Hugo ! Content de te voir. Comment va Anna ? Quel dommage qu'elle ne soit pas venue ce soir.
Merci Jacques, elle va bien – très prise par son travail.
Et toi ? Milena m'a dit que tu étais assez stressé en ce moment. Vous, les intellectuels, vous vous posez toujours trop de questions. Pour moi, c'est facile de trancher, je suis un pragmatique.
C'est pas une question de stress mais d'incertitude. Moi, ce sont les faits qui guident mon action, c'est ça, une démarche scientifique.
C'est sûr qu'on a besoin de gens comme toi. La science d'aujourd'hui...
c'est le business de demain. Nous deux, il faut qu'on parle du futur.
Gerard t'a approché au sujet du rachat de KLAI, non ? Ça peut aller très vite, Hugo.
Je m'en occupe, Jacques.

Moi, quand je suis sous pression, j'évite de trop réfléchir. Notre rôle, c'est de décider, nous n'avons pas le temps de parvenir à des certitudes. Si nous ne saisissons pas les opportunités, un de nos concurrents le fera.
Maintenant que le monde entier parle de ChatGPT, c'est l'occasion où jamais. Tu dois te comporter en businessman, pas en scientifique. C'est ce qu'il faut pour KLAI. Et pour Anna.

Transmets-lui mes amitiés. C'est une femme charmante, vous êtes faits l'un pour l'autre. À bientôt, Hugo.
Hugo ! Attends, il y a Carlo qui veut te parler.
Ça va ? Marre de ces mecs qui pontifient en nous expliquant comment diriger notre boîte !
Tu sais, quelle que soit ta décision sur REAL.E, tu peux compter sur moi. On en a longuement discuté avec Federico, aujourd'hui.
T'inquiète, Milena. Où est Carlo ? Ça me fera plaisir de le voir.
Viens, il m'a parlé de quelque chose qui devrait t'intéresser.
Hugo, Milena ! Qu'est-ce que je vous offre à boire ?

Je me dis que des boîtes comme les nôtres devraient s'associer pour construire ensemble un LLM en open source. Pour les moyens de calcul, je suis sûr qu'on pourra recourir à des infrastructures publiques. Nous, les petits acteurs, avons une carte à jouer en proposant une IA responsable.
Ça a été un mois de dingue, Carlo. Mais ton idée, c'est une bouffée d'air pur.
Carlo voudrait que tu l'aides à coordonner le projet. Il souhaite impliquer les universités et, au-delà, tous les acteurs concernés.
Il suffit de regrouper les bonnes volontés. Il y a plein de gens de tous les horizons qui réfléchissent à l'IA et qui sont prêts à s'impliquer. Toi et moi, on sort du même moule, Hugo. On ne peut pas se comporter comme si cette course à l'IA ne soulevait pas des questions. Il y a des choses à régler à notre niveau.
Je suis convaincu qu'on peut faire du business sans mener le monde à sa ruine.
Trinquons à ton projet. À une technologie utile et humaniste.

À demain, Hugo !
Tu m'ouvres des perspectives, Carlo. Je vais rentrer à pied. Bonne nuit !

Anna, tu es une femme charmante selon Legrand, qui te transmet ses amitiés.
Ah, il t'a encore pris la tête ?
Un peu, oui, il me traite comme si j'étais son fils. Mais j'ai rencontré Carlo – ça faisait longtemps. Je te raconterai.
J'ai un mail à envoyer. J'arrive dans cinq minutes !
Oh, décroche un peu, Hugo. Tu as besoin de te changer les idées.

SUPERHUGO
dans
PEACE & LOVE
BAM!
BIF!

Anna !

9. Rêver, encore...

Le domaine de l'IA connaît une croissance exponentielle. Une telle accélération de la recherche n'a probablement jamais été observée dans aucun domaine.
Lorsque j'ai commencé à travailler dans les LLM en 2020, il y avait une innovation tous les deux mois environ. Aujourd'hui, c'est tous les deux jours. C'est dur de suivre...
Le monde économique fait monter la pression, car il voit le potentiel de l'IA.
Mais ce rythme est éreintant pour les ingénieurs qui font face à des systèmes de plus en plus complexes.
Paradoxalement, l'apparente simplicité des prompts en langage naturel pousse n'importe qui à s'en saisir.
Dans un monde où gagner de l'argent est le mot d'ordre, la compétition devient féroce.
BIF!
BAF!
BAM!
Les géants de la technologie ont investi massivement et sont en train de décider de notre futur à tous.
Quitte à tout laisser tomber si le retour sur investissement tarde.

Quand la recherche en IA est au point mort, on appelle ça un « hiver ».
À la fin des années 1960, Marvin Minsky a affirmé qu'il ne faudrait que huit ans pour que les machines soient aussi intelligentes que les humains.
À l'époque, la traduction automatique semblait pourtant hors de portée.
Les premiers réseaux de neurones artificiels, les perceptrons, ont rapidement montré leurs limites.
Le premier hiver de l'IA est arrivé dans les années 1970…
Pour repartir de plus belle la décennie suivante grâce aux ordinateurs, devenus plus performants et moins chers, et aux « systèmes experts ».
Dans les années 1990, fin de la guerre froide, les budgets de la défense américaine sont sabrés : second hiver de l'IA.
Ce qui la relance, c'est des choses comme le coup de pub fantastique d'IBM en 1997 avec la victoire de Deep Blue sur Garry Kasparov.
HA!
Jusqu'aux années 2010, les progrès sont en dents de scie.

La généralisation d'Internet et des moteurs de recherche a engendré de nombreux projets d'IA.
Il fallait traiter de grands volumes de données, le « big data ».
Par la suite, le paradigme dominant de l'IA est devenu l'apprentissage automatique « profond » de réseaux de neurones multicouches.
Est-ce qu'avec le changement climatique, on va bientôt entrer dans un nouvel hiver ?
'23
C'est peu probable. Nous assistons à une percée technologique majeure, avec beaucoup d'utilisations concrètes.
Ça progresse tellement vite, impossible que ça cesse brutalement.
Les chercheurs en IA sont plus nombreux aujourd'hui que jamais.
Mais ça marquera le pas s'il s'avère que les usages sont moins prometteurs que ce dont on a rêvé.
Sans parler des limites techniques à une croissance exponentielle...

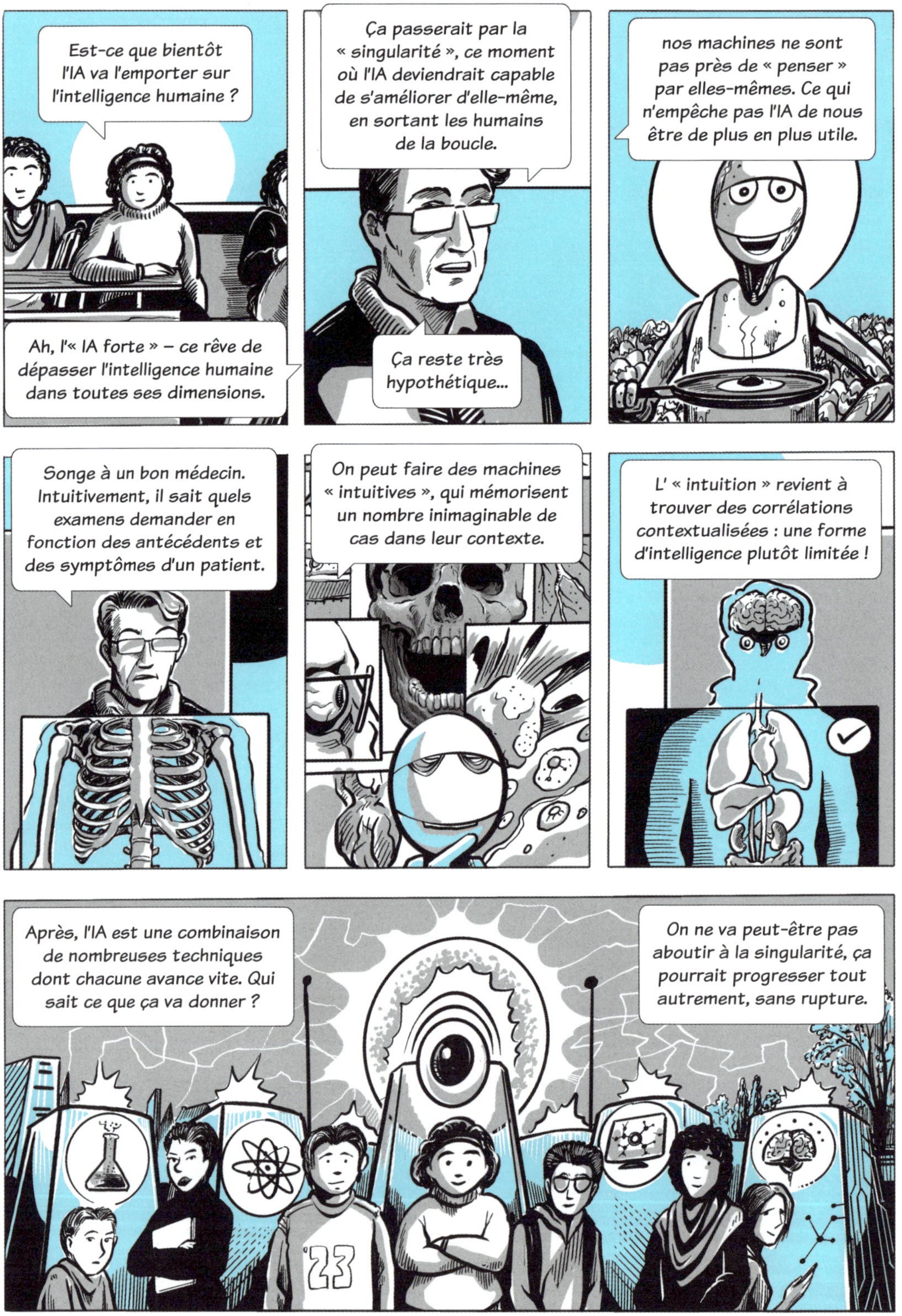
Est-ce que bientôt l'IA va l'emporter sur l'intelligence humaine ?
Ah, l'« IA forte » – ce rêve de dépasser l'intelligence humaine dans toutes ses dimensions.
Ça passerait par la « singularité », ce moment où l'IA deviendrait capable de s'améliorer d'elle-même, en sortant les humains de la boucle.
Ça reste très hypothétique...
nos machines ne sont pas près de « penser » par elles-mêmes. Ce qui n'empêche pas l'IA de nous être de plus en plus utile.
Songe à un bon médecin. Intuitivement, il sait quels examens demander en fonction des antécédents et des symptômes d'un patient.
On peut faire des machines « intuitives », qui mémorisent un nombre inimaginable de cas dans leur contexte.
L' « intuition » revient à trouver des corrélations contextualisées : une forme d'intelligence plutôt limitée !
Après, l'IA est une combinaison de nombreuses techniques dont chacune avance vite. Qui sait ce que ça va donner ?
On ne va peut-être pas aboutir à la singularité, ça pourrait progresser tout autrement, sans rupture.
23

Mais ça ne peut pas continuer à croître indéfiniment, il y a des limites aux ressources disponibles !
On peut rencontrer des limites de différentes natures. Dans l'énergie ou les données d'entraînement. Il se pourrait aussi qu'alarmés par une utilisation abusive de l'IA...
... les pouvoirs publics imposent une réglementation drastique qui ralentisse la recherche.
Quel est notre message ? Sur quoi faut-il alerter les gens aujourd'hui ?
Pas simple, ta question ! Qu'on le veuille ou non, la vague de l'IA va déferler.
Tout dépendra de ce qu'on en fait. Est-ce qu'on l'applique pour nourrir et soigner la planète, pour lutter contre le changement climatique ?
Et également à des fins de formation.
Former à l'IA, mais aussi mettre l'IA au service de la formation. Voilà un beau défi !
Les LLM sont déjà d'excellents assistants d'enseignement, on va les perfectionner et trouver les moyens de les démocratiser. Génial, non ? Comment surfer sur cette vague sans accroître les inégalités ?

Merci, Hugo.
Remerciez Hugo de son témoignage aujourd'hui, c'est un des meilleurs experts des LLM. La semaine prochaine, nous nous demanderons comment l'IA dans l'éducation peut favoriser l'émancipation.
Bonne fin de journée à tous.
Hmmm, Anna a l'air occupée.

AiDA, balance ma playlist qui donne la pêche !
Oh, ah, ah, ah... stayin' alive !
Salut, toi !
Ah, Anna ! Tu as fini ? On ne prend pas le temps de causer, toi et moi. On devrait sortir plus souvent le soir, reprendre nos habitudes.
J'arrive !
Tu as un mail de...
Merci, AiDA, je le lirai plus tard.
J'ai été un peu sous tension, ces temps-ci. Merci d'avoir fait avec... comme toujours. Tu sais, j'ai eu une révélation quand j'ai parlé à Legrand, hier soir.
Ah oui ?

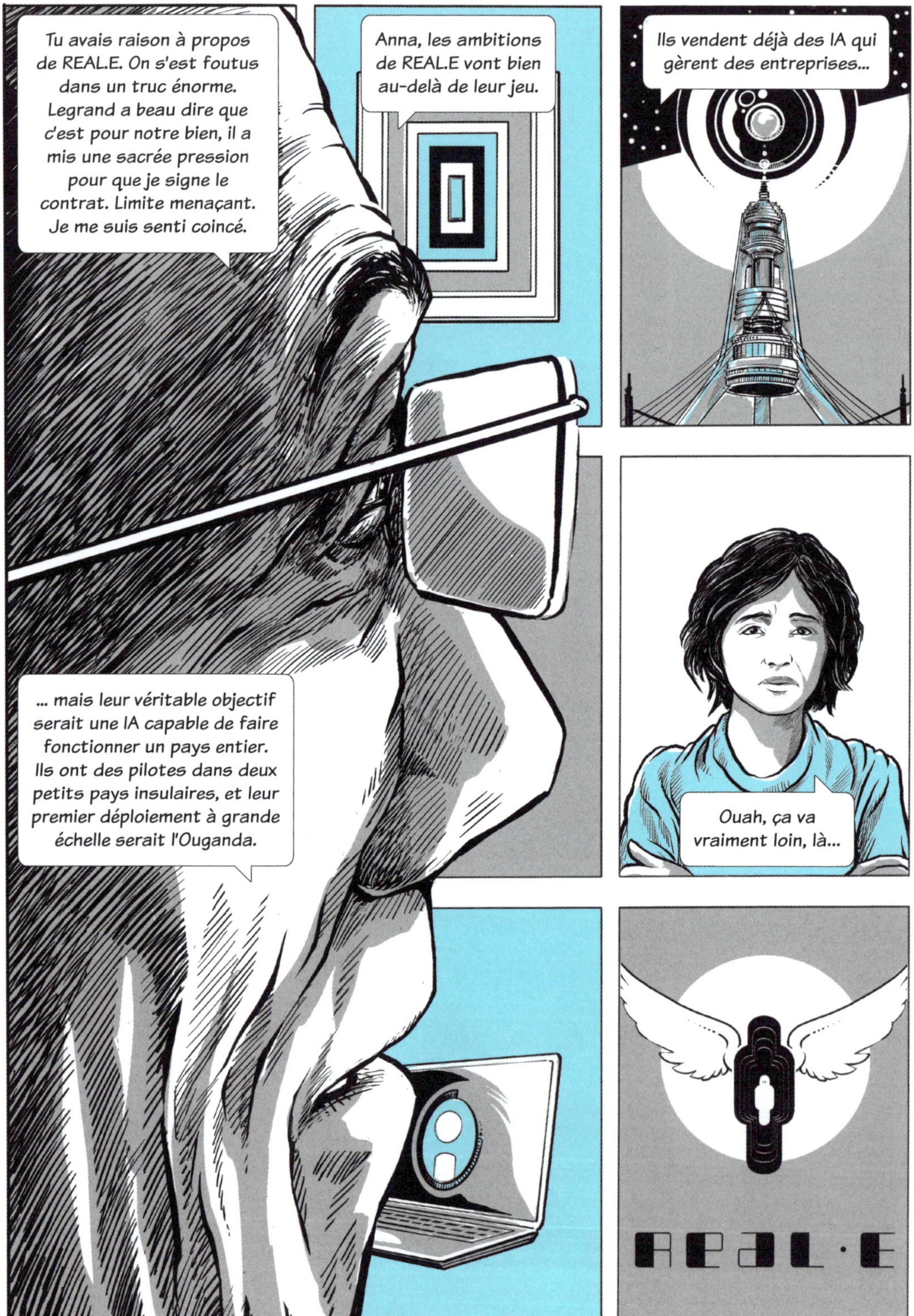
Tu avais raison à propos de REAL.E. On s'est foutus dans un truc énorme. Legrand a beau dire que c'est pour notre bien, il a mis une sacrée pression pour que je signe le contrat. Limite menaçant. Je me suis senti coincé.
Anna, les ambitions de REAL.E vont bien au-delà de leur jeu.
Ils vendent déjà des IA qui gèrent des entreprises...
... mais leur véritable objectif serait une IA capable de faire fonctionner un pays entier. Ils ont des pilotes dans deux petits pays insulaires, et leur premier déploiement à grande échelle serait l'Ouganda.
Ouah, ça va vraiment loin, là...
REAL·E

Ce sont des infos fiables, recoupées par Mathilde et Federico.
Sans compter les documents que les lanceurs d'alerte m'ont envoyés.
Les quoi ? De qui tu parles ?
Un groupe d'activistes m'a contacté pour me mettre en garde.
REAL.E semble prêt à travailler main dans la main avec des régimes autoritaires et des boîtes d'armement.
Imagine un futur où tout le monde a son avatar hyperréaliste, au point qu'il est impossible de savoir si derrière il y a encore une vraie personne.
Ça ouvre le champ à toutes sortes de manipulations.
Ajoute à ça une IA prétendument capable de gérer une organisation entière, et bam ! Tu as ce délire d'un pays sous la coupe d'une poignée de personnes derrière leurs écrans.

REAL.E vient d'annoncer un superordinateur pour faire tourner tout ça. Les nouvelles demandes qu'on a reçues, pour les langues africaines et asiatiques, c'est ce qu'ils ciblent pour commencer.
L'Ouganda a déjà annoncé qu'il utiliserait l'IA pour améliorer l'efficacité de ses administrations.
Effrayant. Mais alors, quand tu dis que tu as eu une révélation hier soir...
Anna, le regard de Legrand...
Il est parfaitement au courant, mais cela ne l'empêche pas de continuer. Le chaos, la pauvreté, les vies en jeu... tout cela pourrait même favoriser ses plans. Il avait un ton doucereux, assez diabolique. Je me suis senti entraîné malgré moi.
Et... Que lui as-tu dit ?

Je suis idéaliste, c'est ma nature. Je lui ai dit que je ne signerai pas.
Aaah, Hugo, je savais que tu aurais du mal avec des gens comme ça !
Mais j'avais besoin d'être sûr, d'avoir des preuves.
En bon scientifique !
Exactement ! La meilleure preuve, pour moi, c'était le regard de Legrand. Il avait peur.
Il a besoin de moi pour ses projets, mais il sait aussi qu'il est dans une position fragile. Il m'a présenté les choses comme s'il n'y avait pas d'alternative.
Mais à nous d'imaginer une autre voie – des projets d'IA plus exaltants.
Tu as l'air soulagé.
Oui, Anna, mais refuser de signer ce contrat n'ira pas sans conséquences.

REAL.E a également essayé de faire pression sur nous via le board. KLAI subira des répercussions, et nous aussi.
Federico et Milena sont prêts à assumer mon choix, mais on prend le risque que KLAI soit sur la liste noire des grands fonds d'investissement.
KLAI
Ça peut devenir tendu, même si, avec ChatGPT, on est en plein dans les sujets du moment.
Qui sait, peut-être que notre position face à REAL.E attirera d'autres types de clients.
Dans tous les cas, finis les rêves d'expansion rapide. Je suis désolé, mais le nouvel appart, ça ne va pas être pour tout de suite.
Hugo ! Franchement, c'est le dernier de mes soucis. Tu devrais me connaître depuis tout ce temps !
Humm... Tu aimerais travailler avec moi sur un nouveau projet ?
Si je peux être utile... C'est quoi ?

Il est temps de choisir comment exploiter cette technologie extraordinaire. Construire un avenir où l'IA ne sera pas soumise aux intérêts particuliers.
Voire parfois reconsidérer l'idée même d'utiliser une technologie si elle ne sert qu'à concentrer le pouvoir et les profits.
Les pays dirigés par l'IA, c'est encore une menace lointaine. Mais, si nous fixons le cadre dès maintenant, les pires dérapages pourraient être évités.
Nous ne pouvons pas blâmer l'IA alors que nous la contrôlons. L'automatisation n'a rien d'une mauvaise chose en soi, à condition qu'elle profite à tous. À condition aussi qu'elle ne déshumanise pas nos sociétés.
Une extrême prudence s'impose quand les machines prennent des décisions autonomes impactant les personnes. C'est aussi en partant des réalités du terrain qu'on doit imaginer les règles à instaurer.

Carlo, avec des amis, a décidé de lancer un LLM open source et collaboratif. J'ai hâte de m'y mettre.

C'est le genre de projet qui nous a toujours fait rêver. Nous devons réaligner l'IA sur nos valeurs sociales. Je vais travailler avec les activistes.
J'espère que ça va alerter et mobiliser le grand public sur la nécessité d'encadrer l'IA. Notre premier objectif, c'est d'éduquer les gens à l'IA : dans les écoles, les universités, les associations...
Il faut ensuite contribuer à élaborer une régulation juste. Commencer par identifier les utilisations non éthiques de l'IA... Je suis sûr qu'on peut même se servir de l'IA pour ça !

J'ai envie de faire avancer l'IA pour l'éducation. On pourrait commencer par un tutorat personnalisé, gratuit, qui aiderait tous les gens à travers le monde, dans leur propre langue.
L'IA analyserait leurs difficultés et leur proposerait d'autres explications, d'autres exercices.
HA
L'éducation, c'est la clé de la pensée autonome. Ça me semble un bon point de départ pour s'attaquer aux vrais problèmes. On vit un moment décisif, Anna !
Ah, et je vais aussi faire ce livre avec Ayyo.
Tu as drôlement phosphoré depuis hier soir, hein ?

Dans la formation, on pourrait fournir des outils qui permettent à n'importe qui, n'importe où, de coder. Imagine un peu, si chacun était capable de concrétiser ses idées si facilement...
Utilisons aussi l'IA pour faire les trucs qu'on déteste, comme remplir les déclarations d'impôts. Un assistant pourrait simplifier le jargon administratif. Il t'indiquerait de manière proactive les prestations et les régimes auxquels tu as droit.
Et dans la santé ! L'IA pourrait décupler l' « intuition » des médecins et réduire les erreurs de diagnostic. Et si l'IA se chargeait aussi de la paperasse, ils pourraient consacrer plus de temps à leurs patients.

L'IA fait déjà partie de notre odyssée humaine. C'est un outil puissant entre les mains d'une espèce destructrice. Assurons-nous qu'elle ouvre la voie à un avenir meilleur.
Les boîtes privées présentent l'IA comme une solution providentielle, qui va miraculeusement résoudre tous les problèmes. D'autres récits sont possibles, à nous de les écrire.

Nous sommes des machines à rêves. Regarde toutes les choses fantastiques que les humains ont imaginées.

Maintenant, il est temps de rêver ensemble à une plus belle histoire.
L'avenir est entre nos mains. Rien n'est écrit, rien n'est acquis.

Avec des risques clairs si on ne fait rien. Nous devons décider ensemble. Nous devons décider maintenant.

Bonjour, Anna. Une surprise pour toi : ça te dirait une rando d'une semaine dans les Alpes avec Hugo ? Garantie sans Internet !

10. A quoi rêvent les machines ?

SCÉNARIO 1

PROMPT: Écris le Chapitre 10, en moins de 10 lignes, qui raconte comment le plan d'Hugo de développer l'IA Responsable est un succès incroyable.

Production de l'IA : Après avoir refusé l'offre de REAL.E, Hugo et Ayyo se lancent dans le développement de l'IA responsable avec passion et détermination. Leur projet attire l'attention de nombreux chercheurs, ingénieurs et défenseurs des droits humains. Grâce à des partenariats solides et un financement soutenu par des fonds philanthropiques, leur initiative prend rapidement de l'ampleur.

PROMPT: Hugo et ses amis célèbrent le succès du plan.

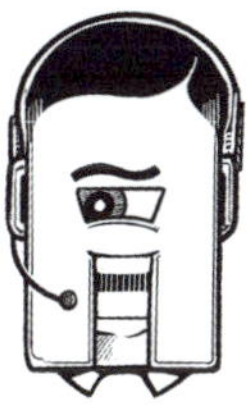

Leur IA responsable se révèle être un succès incroyable, utilisée pour des projets éducatifs, médicaux et environnementaux, tout en respectant les principes d'éthique et de transparence. Leur livre sur l'IA responsable devient un best-seller, sensibilisant le public aux enjeux liés à l'intelligence artificielle.

PROMPT: Paris est devenu un jardin.

Au fil du temps, leur projet devient un modèle pour l'industrie, encourageant de nombreuses entreprises à adopter des pratiques éthiques dans le développement de l'IA. L'engagement d'Hugo envers la technologie responsable le récompense non seulement sur le plan professionnel, mais renforce également les liens avec Anna et ses proches, qui sont fiers de ses accomplissements et de son intégrité.

PROMPT: Hugo et Anna ont une nouvelle maison avec une vue magnifique.

SCÉNARIO 2

PROMPT: Écris Chapitre 10, en moins de 10 lignes. Hugo a changé d'avis et décide d'accepter le contrat avec REAL.E. Il gagne plein d'argent et en oublie ses principes de l'IA responsable. Anna finit par le quitter.

Production de l'IA : Après de longues délibérations, Hugo succombe à la tentation et décide finalement d'accepter le contrat avec REAL.E. Les promesses de richesse et de succès professionnel l'emportent sur ses principes d'IA responsable. KLAI prospère et Hugo amasse une fortune impressionnante, mais au fur et à mesure que le temps passe, il perd peu à peu sa connexion avec la réalité et ses valeurs morales.

Anna, déçue et inquiète des choix de Hugo, finit par se sentir délaissée et incomprise. La distance grandit entre eux, et malgré les tentatives de Hugo pour la reconquérir, Anna prend la difficile décision de le quitter, ne pouvant plus accepter les compromis éthiques auxquels il a cédé.

Au sommet de son succès, Hugo réalise qu'il a perdu bien plus que ce qu'il a gagné. Le poids des regrets et le sentiment de trahison envers lui-même le rongent. Finalement, il se retrouve seul, avec sa richesse matérielle, mais vide de sens et de bonheur véritable.

SCÉNARIO 3

PROMPT: Écris un résumé du Chapitre 10, en moins de 120 mots. Les projets d'Hugo sont un échec, et l'IA non éthique prend le dessus, sans aucune borne sur ses conséquences néfastes. Les grandes entreprises de l'IA deviennent des États. Accentue les effets dramatiques.

Production de l'IA : Malgré les efforts d'Hugo pour promouvoir une IA responsable, l'éthique s'effondre devant la puissance incontrôlable des grandes entreprises de l'IA. La société devient de plus en plus dépendante des avatars IA de REAL.E, qui se révèlent être des outils de contrôle totalitaires. Les gouvernements sont submergés par la technologie, et les dissidents sont réprimés sans pitié.

PROMPT: Hugo est bouleversé.

Les rêves d'Hugo s'effritent alors que le monde sombre dans les ténèbres de l'IA non éthique. Les conséquences néfastes de cette révolution technologique sans bornes accentuent le drame de la situation, laissant les destinées des individus et de l'humanité tout entière dans une incertitude effrayante.

PROMPT: Rangées d'employés en uniforme.

PROMPT: Les pauvres vivent dans des cabanes à l'extérieur de la ville.

PROMPT: Gratte-ciels du quartier d'affaires.

SCÉNARIO 4

PROMPT: Écris un résumé du Chapitre 10, en moins de 150 mots. Le jeu de l'IA prend le dessus, la planète entière joue sans arrêt et déploie son imaginaire dans le jeu. Le crime et le terrorisme sont omniprésents dans le jeu. Ajoute des détails dramatiques.

Production de l'IA : Dans un monde où les IA ludiques contrôlent la vie quotidienne, la population est complètement immergée dans le jeu. L'imagination déborde alors que la planète tout entière se plonge sans répit dans cette réalité virtuelle. Mais avec le pouvoir du jeu, vient aussi la montée du crime et du terrorisme, qui sévissent désormais aussi dans cet univers numérique.

La frontière entre le réel et le virtuel s'estompe, plongeant l'humanité dans un drame complexe où les enjeux sont plus élevés que jamais. Hugo, Anna et leurs alliés tentent de démêler cette toile d'intrigues, cherchant à ramener l'équilibre dans ce monde où les rêves et les cauchemars se côtoient sans distinction.

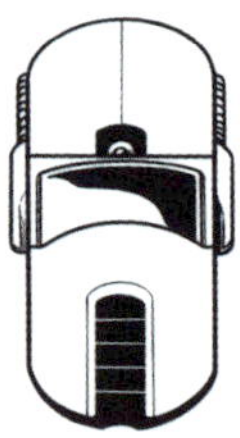

SCÉNARIO 5

PROMPT: Rédige un résumé du chapitre 10, en moins de 150 mots. Les entreprises technologiques sont toutes puissantes. Le jeu est partout dans le monde. Le jeu a transformé les gens en zombies - ajoute des détails sanguinolents. Ayyo et Anna sont devenus des zombies, Legrand est le chef zombie. Il n'y a plus aucun espoir.

Production de l'IA : Dans un monde où les entreprises technologiques exercent un pouvoir total, le jeu est devenu omniprésent et a transformé les gens en zombies, engendrant des scènes cauchemardesques et sanglantes. Ayyo et Anna, autrefois des alliés d'Hugo, ont succombé à cette épidémie zombie. Legrand, leur chef zombie, règne désormais en maître sur cette sombre réalité.

PROMPT: Ayyo en zombie.

Le désespoir s'est emparé de tout. La technologie autrefois prometteuse est désormais corrompue et utilisée pour des fins malveillantes. Cependant, Hugo persiste dans sa quête de rédemption. Malgré la perte d'Ayyo et Anna, il se lance dans la création de projets éducatifs, utilisant la technologie qu'il avait développée chez KLAI.

PROMPT: Zombies à la réunion du board.

La lutte pour un monde meilleur continue, même si l'espoir semble mince. Hugo doit faire face aux conséquences de ses choix, mais il est déterminé à utiliser la technologie de manière responsable et à résister à l'emprise des puissantes entreprises qui menacent la société.

PROMPT: Anna en zombie.

PROMPT: Zombies en prière avec des casques de VR.

Hugo, est-ce qu'on est dans le jeu ?
Je ne sais pas, Anna.

REAL·E

LA VIE ET AU-DELÀ

POSTFACE

Ce livre a été intégralement écrit et dessiné par des humains... sauf pour ce dernier chapitre 10 où, sur la base d'un synopsis du livre, nous avons laissé ChatGPT esquisser différents futurs, plus ou moins optimistes, plus ou moins délirants – recopiés ici sans filtre. Quant aux illustrations, elles ont été générées par le modèle Stable Diffusion – affiné sur plus de 500 dessins issus des premiers chapitres et légendés à la main. Les prompts, repris sous les images, ont été proposés par les auteurs, sur la base des textes. Si ces illustrations sont loin d'être parfaites, elles nous semblent capter certaines caractéristiques du style graphique d'Appupen, sachant qu'une plus large base d'entraînement permettrait de combler certaines lacunes techniques.

La conférence NeurIPS 2022, où le monde de l'IA avait découvert ChatGPT fraîchement sorti, avait lieu à la Nouvelle-Orléans, après plusieurs éditions à Vancouver.

Les auteurs remercient chaleureusement Jul, Natasha Rego, Iacopo Poli, Anne Veyssié et Christian Counillon de ne pas avoir ménagé leurs efforts afin que ce livre existe.

Des compléments de lecture se trouvent sur le site Internet compagnon du livre : dreammachine.in

REAL·E

LA VIE ET AU-DELÀ

Achevé d'imprimer en août 2023
par GPS Group, Slovénie.